Vorwort

Liebe Leserin, lieber Leser,

dieses Buch möchte allen eine Hilfe sein, die Jahr für Jahr vor
der schwierigen Aufgabe stehen, im Kindergarten die Advents-
und Weihnachtszeit zu gestalten und Kindern die Weihnachtsbotschaft zu vermitteln.

Die vier Kapitel dieses Buches thematisieren jeweils ein zentra-
les weihnachtliches Symbol: Licht, Freude, Weg und Tür. Vor
allem „Licht" als Symbol der Hoffnung und freudiger Erwartung
durchzieht das Buch wie ein roter Faden.

Zu jedem Themenbereich finden Sie Berichte von Erzieherinnen. Die Erfahrungen und Überlegungen der Kolleginnen können für die eigene Arbeit im Kindergartenalltag wertvolle Anregungen geben und zu eigener Erprobung motivieren. Die Vorschläge zum Basteln und Spielen, zum Singen, Vorlesen und
gemeinsamen Feiern sind so ausgewählt, daß sie ohne großen
Aufwand umgesetzt werden können.

Über die Arbeit mit den Kindern hinaus enthält das Buch auch
Anregungen für Elternabende und Adventsfeiern und zur Mit-
gestaltung von Familiengottesdiensten. Am Ende des Buches
finden Sie einen Überblick über alle Vorschläge.

Wolfgang Longardt hat zu jedem Kapitel eine Einstimmung
geschrieben. Dafür danke ich ihm herzlich. Ebenso danke ich
Frau Schupp, der Lektorin des Verlages, die mir mit vielen Anregungen geholfen hat, das Buch so zu gestalten, wie es jetzt vor-
liegt.

Ich wünsche allen, die mit Kindern Weihnachten erleben, eine
friedvolle und gesegnete Zeit.

Salzgitter, im März 1995   *Ilse Jüntschke*

Inhalt

Vorwort 3
Die Vorbereitung auf die Advents- und Weihnachtszeit 6
Gedanken zur Weihnachtsgeschichte mit Erzählbeispielen . 12

Wenn im Dunkeln ein Licht erscheint

Ideenbörse 18
Trost und Wärme erfahren *(Wolfgang Longardt)* 20
Was die anderen erzählen 22
Wir hören auf das Leise 24
Wir basteln und spielen 26
Gemeinsam feiern – Elternabend, Gottesdienst 30
Zum Vorlesen 35

Wenn wir Freude verschenken

Ideenbörse 42
Schenken ist Zeichensprache *(Wolfgang Longardt)* 44
Was die anderen erzählen 46
Nachdenken und sich einfühlen 48
Geschenke zum Selbermachen 50
Gemeinsam feiern – Elternnachmittag, Elternabend 54
Zum Vorlesen 58

Wenn Türen sich öffnen

Ideenbörse 62
Einladung zum Hereinkommen *(Wolfgang Longardt)* 64
Was die anderen erzählen 66
Wir basteln und spielen 68
Wir hören auf das Leise 72
Gemeinsam feiern – Gottesdienst, Adventsfeier 74
Zum Vorlesen 85

Wenn wir uns auf den Weg machen

Ideenbörse 90
Bitten und sich Kraft holen *(Wolfgang Longardt)* 92
Was die anderen erzählen 94
Wir hören auf das Leise 98
Gemeinsam feiern – Elternabend, Adventsfeier 102
Zum Vorlesen 118

Überblick über den Inhalt 120

Es begab sich aber zu der Zeit, daß ein Gebot von dem Kaiser Augustus ausging, daß alle Welt geschätzt würde. Und diese Schätzung war die allererste und geschah zur Zeit, da Quirinius Statthalter in Syrien war. Und jedermann ging, daß er sich schätzen ließe, ein jeder in seine Stadt.

Da machte sich auf auch Josef aus Galiläa, aus der Stadt Nazareth, in das jüdische Land zur Stadt Davids, die da heißt Bethlehem, weil er aus dem Hause und Geschlechte Davids war, damit er sich schätzen ließe mit Maria, seinem vertrauten Weibe, die war schwanger.

Und als sie dort waren, kam die Zeit, daß sie gebären sollte. Und sie gebar ihren ersten Sohn und wickelte ihn in Windeln und legte ihn in eine Krippe; denn sie hatten sonst keinen Raum in der Herberge.

Und es waren Hirten in derselben Gegend auf dem Felde bei den Hürden, die hüteten des Nachts ihre Herde. Und der Engel des Herrn trat zu ihnen, und die Klarheit des Herrn leuchtete um sie; und sie fürchteten sich sehr.

Und der Engel sprach zu ihnen: „Fürchtet euch nicht! Siehe, ich verkündige euch große Freude, die allem Volk widerfahren wird; denn euch ist heute der Heiland geboren, welcher ist Christus, der Herr, in der Stadt Davids. Und das habt zum Zeichen: ihr werdet finden das Kind in Windeln gewickelt und in einer Krippe liegen."

Und alsbald war da bei dem Engel die Menge der himmlischen Heerscharen, die lobten Gott und sprachen: „Ehre sei Gott in der Höhe und Friede auf Erden bei den Menschen seines Wohlgefallens."

Und als die Engel von ihnen gen Himmel fuhren, sprachen die Hirten untereinander: „Laßt uns nun gehen nach Bethlehem und die Geschichte sehen, die da geschehen ist, die uns der Herr kundgetan hat." Und sie kamen eilend und fanden beide, Maria und Josef, dazu das Kind in der Krippe liegen.

Als sie es aber gesehen hatten, breiteten sie das Wort aus, das zu ihnen von diesem Kinde gesagt war. Und alle, vor die es kam, wunderten sich über das, was ihnen die Hirten gesagt hatten.

Maria aber behielt alle diese Worte und bewegte sie in ihrem Herzen.

Und die Hirten kehrten wieder um, priesen und lobten Gott für alles, was sie gehört und gesehen hatten, wie denn zu ihnen gesagt war.

Lukas, Kap. 2, Vers 1–20

Die Vorbereitung
auf die Advents- und Weihnachtszeit

Schon wieder Weihnachten?!

Geht es Ihnen auch so wie vielen Erzieherinnen, die jedes Jahr von neuem mit Erschrecken feststellen, daß die Adventszeit schon wieder unmittelbar bevorsteht? Obwohl ihre eigenen Gedanken und Gefühle noch mit ganz anderen Dingen beschäftigt sind, müssen sie sich notgedrungen mit dem Problem „Weihnachten" befassen: Wie gestalte ich in diesem Jahr die Adventszeit? Welche Vorbereitungen muß ich treffen? Was für Materialien müssen besorgt werden? Welche Schwerpunkte will ich setzen?

Wieviel besser wäre es, sich rechtzeitig und ohne den leidigen Zeitdruck mit der Gestaltung der Adventszeit auseinanderzusetzen! Langfristiges Planen läßt den Gedanken und Gefühlen Zeit zur Einstimmung und verhilft dazu, sich über die eigene Einstellung zum Weihnachtsfest klarzuwerden.

Vielleicht versuchen Sie beim nächsten Mal, sich nach dem folgenden Modell schrittweise an das Thema „Weihnachten" heranzutasten.

1. Schritt Die Einstellung der Erzieherin

Setzen Sie sich schon nach dem Erntedankfest mit Ihren Kolleginnen zusammen. Äußern Sie im Rahmen einer Gesprächsrunde Ihre Gedanken, die Sie im Hinblick auf die bevorstehende Weihnachtszeit haben. Diese Gesprächsrunde sollte ohne äußeren Druck und ohne Hektik geschehen. Finden Sie hierzu einen Termin nach Feierabend. Wählen Sie einen Raum mit einer vertrauten Atmosphäre. Zünden Sie eine Kerze an – das motiviert. Nun äußern Sie freimütig Ihre Gedanken und Gefühle, Ihre Freude und Ablehnung – alles, was Sie mit dem Thema Weihnachten verbinden.

Eine Wertung der unterschiedlichsten Äußerungen sollte es nicht geben. Erst dann, wenn jede Kollegin ihren eventuell vorhandenen Frust abgeladen hat, ist Platz für positives Denken geschaffen.

Das Denken und Fühlen der Kinder und ihre Bedürfnisse *2. Schritt*

Das zweite Treffen müßte spätestens Ende Oktober stattfinden. Dann sollten Sie sich mit dem Denken und den Gefühlen der Kinder auseinandersetzen. Hierzu ist es notwendig, daß Sie sich an Weihnachtssituationen ihrer Kindheit erinnern. Welche Assoziationen haben Sie? Wie haben Sie als Kind Weihnachten erlebt und wahrgenommen? Was ist Ihnen positiv, was negativ in Erinnerung? Was würden Sie aus heutiger Sicht anders, was genauso machen?
Nach der Rückbesinnung auf ihre Kindheit wird es Ihnen leichter fallen, sich in die Gedanken und Gefühlswelt der Kinder hineinzuversetzen.

Vorbereitung auf die praktische Arbeit *3. Schritt*

Die dritte Zusammenkunft sollte Anfang bis Mitte November sein. Über folgende Fragen sollten Sie sich Gedanken machen:
- Wie können Sie die Weihnachtsbotschaft in die Lebenssituation der Kinder hinein vermitteln?
- Wie können Sie durch die Gestaltung der Adventszeit Freude bereiten?
- Wie können Sie und die Kinder die Freude, die sie erleben, nach außen tragen?
- Welche Inhalte sollen durch Lieder, Spiele und Geschichten erarbeitet werden?
- Wie können Sie die Wünsche und Bedürfnisse der Kinder berücksichtigen?
- Wie können Sie sich selbst und den Kindern gerecht werden?

Zur Klärung dieser Fragen könnte ein „Brainstorming" eine Hilfe sein: Die Ideen und Vorschläge aller Gesprächsteilnehmerinnen werden gesammelt und auf einem Blatt Papier formlos notiert. Mit dieser Methode kommen Sie schneller auf den Punkt. Da Ihre Überlegungen schriftlich fixiert sind, kann Ihre Ideensammlung zugleich als Grundlage für ein Gespräch mit dem Pfarrer oder als Arbeitspapier für einen bevorstehenden Elternabend dienen. Denn die Erwartungen des Pfarrers und der Kindergarteneltern müssen Sie in jedem Fall mit berücksichtigen.
Zielsetzung einer langfristigen und gemeinsamen Planung könnte sein, für alle Gruppen des Kindergartens ein einheitli-

ches Konzept zur Gestaltung der Adventszeit zu erarbeiten. Auf diese Weise wird von vornherein ein Konkurrenzdenken ausgeschaltet. Allerdings sollte jede Erzieherin ihren Fähigkeiten entsprechend genügend Freiraum für die Umsetzung der Ziele haben.

Altes wiederentdecken, Neues hinzufügen

In der Erinnerung der älteren Generation war die Vorweihnachtszeit geprägt durch ganz bestimmte, immer wiederkehrende Bräuche, Gewohnheiten und Tätigkeiten. Man erlebte die Adventszeit als eine Zeit des Wartens, der Besinnung und des familiären Beisammenseins. Die meisten lebten in bescheidenen Verhältnissen, und die Geschenke wurden mit einfachen Mitteln selbst hergestellt. Die Adventszeit war eine Zeit der Geheimnistuerei, des Miteinander-Flüsterns und der verschlossenen Türen.

Heute ist die Zeit vor Weihnachten geprägt von Geschäftigkeit und erfüllt von Klagen über die vielen Besorgungen, die gemacht werden müssen. Auch das Leben der Kinder bleibt von der allgemeinen Hektik nicht verschont. Es gibt immer weniger Zeit für besinnliche Stunden, in denen gesungen, musiziert oder vorgelesen wird. Die Kerzen bleiben ungenutzt.

Um so wichtiger ist es, daß die Mitarbeiterinnen des Kindergartens sich nicht von allen Seiten unter Druck setzen lassen, sondern die Vorweihnachtszeit für sich und die Kinder mit innerer

Ruhe und Gelassenheit angehen. Es muß durchaus nicht immer etwas Neues, etwas ganz anderes sein. Oft sind es gerade die alten, vertrauten Bräuche und Traditionen, die den Reiz der Weihnachtszeit ausmachen. Wie freuen sich die Kinder, wenn die „alte" Weihnachtskiste hervorgeholt und der Inhalt Stück für Stück behutsam herausgenommen wird! Erinnerungen werden wach, wenn sie die verschiedenen Dinge vom vergangenen Jahr neu entdecken. Jedes Kind wird sicherlich „seine" Lieblingsfigur wiedererkennen und mit leuchtenden Augen betrachten. Und wie groß wird die Freude sein, wenn einige Kinder einen selbstgebastelten Stern vom vergangenen Jahr erblicken! Sie erfahren, daß etwas, das sie mit ihren eigenen Händen gemacht haben, nicht einfach fortgeworfen, sondern aufgehoben worden ist. Solche Erfahrungen steigern das Selbstwertgefühl.

Die neuen Kinder werden in die freudige Stimmung mit einbezogen: Was sie jetzt zum ersten Mal sehen, wird nächstes Jahr wieder hervorgeholt werden. So erfahren sie ein Stück Beständigkeit. Welches Kind wird nun nicht Lust bekommen, etwas Weihnachtliches zu basteln, und darauf bedacht sein, daß die Bastelarbeit nicht fortgeworfen, sondern aufgehoben wird! Vielleicht findet sich in der Weihnachtskiste ein Kerzenstummel aus dem letzten Jahr. Wenn die Erzieherin ihn anzündet, ist die Verbindung von der vorjährigen zur diesjährigen Adventszeit auf eine einfache, aber eindrucksvolle Weise hergestellt. Die feierliche Stimmung regt vielleicht einige Kinder oder auch die Erzieherin an, ein Weihnachtslied anzustimmen. Manchmal läßt sich daran eine Geschichte anknüpfen. Wenn der Kerzenstummel heruntergebrannt ist und wir an seiner Flamme eine neue Kerze anzünden, vermitteln wir den Kindern ohne Worte die Erfahrung von Tradition.

Sich Zeit lassen

Niemand kann auf Kommando „besinnlich" sein. Auch Adventsstimmung läßt sich nicht verordnen, sie muß wachsen. Aber wir können die Bedingungen dafür herstellen. Wir können eine ruhige, gedämpfte Atmosphäre schaffen, in der weihnachtliche Vorfreude gedeiht.
Über eine Möglichkeit der Einstimmung in die Adventszeit berichtet eine Erzieherin:

„In unserem Kindergarten wenden wir seit einigen Monaten das pädagogische Konzept der „Offenen Kindergartenarbeit" an. Wir arbeiten nicht mehr wie bisher mit festen Gruppeneinteilungen. Jeder Raum ist einer bestimmten Funktion zugeordnet. Die Kinder können unsere Betreuung und die Angebote in jedem Raum wahrnehmen und sich ihren Neigungen entsprechend beschäftigen.

Jetzt in der Adventszeit bieten wir den Kindern allmorgendlich eine Bastel- und Malstunde an. Anfangs haben nur wenige Kinder davon Notiz genommen. Einige haben ein Weilchen zugeschaut und sind dann lieber in den Toberaum gegangen. Doch von Tag zu Tag entscheiden sich mehr Kinder für unsere morgendliche Weihnachtsbastelstunde. Manchmal herrscht im Bastelraum ein regelrechtes Gedränge.

Die Kinder stehen während dieses freien Angebots unter keinerlei Erfolgszwang. Sie verwirklichen ihre eigenen Ideen. Hilfe und gezielte Anleitung bekommen sie nur, wenn sie es wünschen. Ich staune immer wieder darüber, mit welch' großer Aus-

dauer sie arbeiten. Daß ihre Gedanken dabei um das Weihnachtsgeschehen und um ihre Weihnachtswünsche kreisen, bemerke ich an ihren spontanen Fragen.

Manchmal bleiben einige Mütter, die ihre Kinder begleitet haben, bei uns stehen und schauen zu. Neulich sagte eine Mutter: „Ich mag mich gar nicht trennen, hier drinnen ist es so weihnachtlich!" Ich gebe ihr recht. Ich freue mich selbst jeden Morgen auf die Bastelstunde. Eine große Kerze verbreitet weihnachtliche Atmosphäre. Es ist richtig feierlich. Ich spüre, daß sich auch die Kinder von dieser Stimmung einfangen lassen. Hin und wieder summt ein Kind ein Weihnachtslied vor sich hin, und die anderen stimmen ein. Manchmal bitten die Kinder: „Lies uns was vor!"

So entwickelt sich diese morgendliche Bastelstunde allmählich zu einer zwanglosen und völlig aus der Situation heraus gestalteten Adventsstunde. Die weihnachtliche Vorfreude, die von den Kindern ausgeht, nehmen wir Erzieherinnen dankbar an und tragen sie weiter."

Gedanken
zur Weihnachtsgeschichte

In der Bibel nachlesen

Zur Vorbereitung auf Weihnachten gehört natürlich, daß wir den Kindern die biblische Weihnachtsgeschichte erzählen. Wir sollten uns die Mühe machen, vor dem eigenen Erzählen die Bibel zur Hand zu nehmen und alle in Frage kommenden Textstellen im Originaltext nachzulesen.

Von den vier Evangelisten berichten nur zwei über die Geburt Jesu. So finden wir bei Matthäus folgende Textstellen:

Kap. 1, Vers	1–17:	Der Stammbaum Jesu (zurück bis David, und von David bis Abraham)
Kap. 1, Vers	18–25:	Die Geburt Jesu
Kap. 2, Vers	1–12:	Die Weisen aus dem Morgenland
Kap. 2, Vers	13–15:	Die Flucht nach Ägypten
	16–18:	Der Kindermord in Bethlehem
	19–23:	Die Rückkehr aus Ägypten

Bei Lukas finden wir folgende Geschichten:

Kap. 1, Vers	5–25:	Die Ankündigung der Geburt Johannes des Täufers (dessen Mutter Elisabeth mit Maria, der Mutter Jesu, verwandt ist)
Kap. 1, Vers	26–38:	Die Ankündigung der Geburt Jesu durch den Engel Gabriel
Vers	39–56:	Marias Besuch bei Elisabeth
Vers	57–80:	Die Geburt Johannes des Täufers
Kap. 2, Vers	1–20:	Die Geburt Jesu
Vers	21–40:	Die Beschneidung Jesu; seine Darstellung im Tempel

Von allen diesen Texten ist uns die Geschichte des Lukas im Kapital 2, Vers 1–20 am vertrautesten. An diese Geschichte denken wir, wenn wir von der „Weihnachtsgeschichte" reden.

Nach genauem Lesen des Originaltextes stellen wir allerdings fest, daß nicht alles, was kirchliche Tradition und Volksfrömmigkeit im Laufe vieler Jahrhunderte hinzugefügt hat, wirklich bei Lukas vorkommt. Weder von Ochs und Esel ist die Rede, noch vom Wirt, der Maria und Josef von der Tür weist. Auch bemerken wir gewisse Unstimmigkeiten in dem Bericht des Matthäus und dem des Lukas. So kehren bei Lukas Maria, Josef und das Kind nach der Beschneidung nach Nazareth zurück (Kap. 2, Vers 39). Bei Matthäus hingegen fliehen sie nach Ägypten (Kap. 2, Vers 13-15) und kehren erst nach dem Tod des Herodes zurück (Vers 19-23).

Diese Unstimmigkeiten sind leicht begreiflich, wenn man sich klar macht, daß Matthäus und Lukas ihre Texte mehr als 40 Jahre nach dem Tod Jesu niedergeschrieben haben. Sie konnten keine Zeugen mehr befragen, sondern mußten sich auf mündliche Überlieferungen und ihre eigene Phantasie verlassen. Ihre Geschichten sind deshalb keine Dokumentarberichte in unserem heutigen Sinn.

Deshalb dürfen auch wir die Weihnachtsgeschichte ausschmücken und mit Phantasie nachgestalten, wenn wir sie unseren Kindern erzählen. Im folgenden bringen wir Nacherzählungen zu den wichtigsten Ereignissen des Weihnachtsgeschehens. Sie sind als Beispiele gedacht, die Mut machen sollen zu eigenem lebendigem Erzählen.

Erzählbeispiele

Die Geburt Jesu (Lukas 2, 1–20)

Vor langer, langer Zeit lebte ein mächtiger Kaiser. Er hieß Augustus. Dieser Kaiser Augustus regierte ein großes Land. Eines Tages wollte er wissen, wie viele Menschen in seinem Lande lebten. Darum ließ er in allen Städten und Dörfern bekanntgeben, daß jeder in den Ort gehen sollte, in dem er geboren worden war. Dort sollten die Leute dann gezählt werden.

Von diesem Befehl des Kaisers erfuhren auch Maria und Josef. Sie wohnten in Nazareth und mußten nun nach Bethlehem gehen, um sich dort zählen zu lassen. Josef war besorgt um Maria, denn sie erwartete ihr erstes Kind, und der Weg nach Bethlehem war sehr weit. Doch den Befehl eines Kaisers mußte man befolgen. So bepackten sie ihren Esel und begaben sich auf die Reise.

Sie kamen nur langsam voran. Oft blieb Maria stehen und bat: „Josef, laß uns ein wenig ausruhen. Ich bin müde, und meine Beine tun weh." Josef stützte Maria, damit sie es etwas leichter hatte. Erst am späten Abend erreichten sie ihr Ziel, die Stadt

Bethlehem. „Bald wirst du dich ausruhen können", tröstete Josef seine Frau.

Hoffnungsvoll klopfte er an einem Gasthaus an. „Was wollt ihr noch so spät bei mir?" rief der Wirt. „Geht weiter, mein Haus ist überfüllt!" So zogen sie von Haus zu Haus, und überall sagte man: „Wir haben keinen Platz für euch!" Maria war traurig. „Warum schicken sie uns alle fort? Gibt es denn gar keine Herberge für uns?"

Dann entdeckten sie eine kleine, alte Hütte. Josef öffnete die Tür und sah, daß es ein Stall war. Erleichtert sagte er: „Komm Maria, dieser Stall ist leer. Hier wollen wir heute nacht bleiben." Maria fühlte, daß ihr Kind bald kommen wollte, und war mit diesem bescheidenen Raum zufrieden. Nachdem Maria und Josef den Esel versorgt hatten, fanden auch sie auf einem Strohlager ihre Ruhe.

In dieser Nacht brachte Maria ihr Kind zur Welt. Maria und Josef waren sehr glücklich, als sie ihren kleinen Sohn im Arm hielten und dankten Gott für dieses Geschenk. Sie nannten ihren Sohn J E S U S . Maria herzte und küßte ihn. Dann wickelte sie ihn in Windeln und legte ihn behutsam in eine Futterkrippe.

Die Geschichte von den Sterndeutern aus dem Morgenland (Matthäus 2, 1–12)

In der Nacht, in der Jesus geboren wurde, erschien am Himmel ein leuchtender Stern. Ein Stern, wie ihn bis dahin nie ein Mensch gesehen hatte. Weit über die Stadt Bethlehem hinaus strahlte sein heller Schein, so daß man ihn auch im Nachbarland sehen konnte. Dort trafen sich drei kluge und weise Männer. Sie hatten viel in den alten Schriften gelesen. Mit besonderem Eifer hatten sie sich auch mit den vielen Sternen beschäftigt, die am Himmel zu sehen waren. Deshalb nannte man sie Sterndeuter. Als die Drei den Stern erblickten, freuten sie sich sehr. „Das ist das Zeichen, von dem in den Schriften zu lesen ist!" riefen sie einander zu. „Heute ist ein neuer König geboren. Wir wollen hingehen und ihm unsere Ehre erweisen!"

Sie wußten, daß der Weg weit, sehr weit sein würde. Also ließen sie ihre Kamele aus dem Stall holen und mit allem beladen, was für eine weite Reise nötig war. Für ihren Hunger und den Durst nahmen sie kräftige Fladenbrote und frisches Wasser mit, für ihr Nachtlager warme Felldecken. Für das Königskind aber packten sie kostbare Geschenke ein. So ritten sie los.

Als sie nach einigen Tagen in die Stadt Jerusalem kamen, fragten sie, ob im Schloß ein neuer König geboren sei. Damals war Herodes König in Jerusalem, und er erschrak und dachte: „Ich bin der König, alle Macht soll bei mir sein. Es darf keinen anderen König geben!" – Laut sagte er: „Reitet weiter nach Bethlehem. Sucht dort den neugeborenen König. Und wenn ihr ihn gefunden habt, so kommt zurück und berichtet es mir!" Die drei Weisen versprachen es und ritten weiter.

Unterwegs sahen sie wieder den hell leuchtenden Stern. Da wußten sie, daß sie auf dem richtigen Weg waren. Sie folgten dem Stern, der vor ihnen herzog. Nach einer Weile blieb der Stern stehen, direkt über einem alten Stall. Verwundert riefen sie: „Was soll das bedeuten? Sollen wir den neuen König in einem Stall finden?"

Aber als sie die Tür öffneten, waren alle ihre Zweifel verschwunden und ihre Herzen waren von Freude erfüllt. In einer Krippe lag auf Heu und auf Stroh ein kleines Kind. Von ihm ging ein Leuchten aus, das den ganzen Raum durchflutete. Da fühlten die drei Sterndeuter, daß dieses Kind ein besonderes Kind war, das Gott auf die Erde geschickt hatte. Sie knieten nieder und dankten Gott. Dann gaben sie dem Kind ihre Geschenke. Der eine schenkte duftenden Weihrauch, der andere Myrrhe und der dritte Gold. Nun, da sie den neuen König der Welt gesehen hatten, nahmen sie Abschied und begaben sich auf den Heimweg.

Sie flüchteten vor Herodes (Matthäus 2, 12–15)

Wie glücklich waren die drei Sterndeuter, als sie das neugeborene Kind erblickten. „Wir haben es gefunden", sprachen sie, „nun wollen wir heimkehren und diese frohe Botschaft weitergeben!"

Einer von ihnen meinte: „Wir haben einen sehr weiten Rückweg vor uns. Laßt uns heute nacht eine Herberge aufsuchen und morgen mit frischen Kräften heimreisen."

„Doch vorher müssen wir noch unser Versprechen einlösen und dem König Herodes von diesem Kind berichten", sagte ein anderer. Zufrieden legten die drei sich zum Schlafen nieder. In der Nacht aber hatten sie einen Traum. Gott sprach zu ihnen: „Geht nicht zu Herodes. Er will das Kind töten lassen. Steht früh auf und kehrt auf Umwegen in eure Heimat zurück!"

Die Sterndeuter wachten erschrocken auf und sprachen miteinander über das, was Gott ihnen im Traum gesagt hatte. Dann befolgten sie den Befehl Gottes, standen eilig auf und ritten noch vor Tagesbeginn davon. Ihr Weg führte sie durch die Wüste bis hin in ihr fernes Heimatland.

Auch Josef hatte in der Nacht einen Traum. Er sah einen Engel, der zu ihm sprach: „Josef, ihr könnt hier nicht länger bleiben. Euer Kind ist in Gefahr, denn Herodes will es töten lassen. Steht noch in der Nacht auf und flieht nach Ägypten. Dort sollt ihr so lange bleiben, bis Gott euch in eure Heimatstadt Nazareth schickt!"

Josef weckte Maria und erzählte ihr diesen Traum. Maria erschrak und rieb sich den Schlaf aus den Augen. Sie konnte nicht glauben, was Josef ihr erzählte.

„Warum will Herodes das Kind töten?" fragte sie. „Das Kind hat doch niemandem etwas getan!"

„Frage nicht!" erwiderte Josef. „Gott will das Kind schützen, deshalb müssen wir tun, was er sagt."

Sie wickelten ihren Sohn in eine warme Decke, denn die Nacht war kalt. Und nachdem der Esel beladen war, zogen sie los. Maria saß auf dem Esel und Jesus lag wohl geborgen in ihrem Arm. Ein weiter und beschwerlicher Weg lag vor ihnen. Doch sie wußten, daß Gott immer bei ihnen sein würde.

Nacherzählt von Ilse Jüntschke

Wenn im Dunkeln ein Licht erscheint

Ideenbörse

Fenstergestaltung

* Weihnachtsgeschichte
* Weihnachtssymbole
* Kerzen leuchten S. 29

Malen

* Gegensatz Hell/Dunkel
* Freude in Farben ausdrücken

Basteln

* Das Lichtspiel mit dem Stern S. 26
* Schwimmende Lichter S. 27
* Pampelmusenlämpchen S. 28

Bezug zur Weihnachtsgeschichte

* Die Hirten sahen ein Licht
* Jesus als Licht für uns

Zum Vorlesen

* Ein Märchen vom Licht S. 35
* Welch' wundersame Nacht S. 37
* Großmutters Zauberkerze S. 39

Wir hören auf das Leise

* Vier Kerzen leuchten im Advent S. 24

Spielen

* Spiele S. 26, 27
* Spielszenen

Lieder

* Kommt ein Lichtlein
  S. 30
* Tragt in die Welt S. 32
* Mir ist ein Licht auf-
  gegangen S. 34
* Lichtlein im Advent
  S. 24

Früher–Heute

* Lichtquellen früher
  und heute
* Geschichte
  des Weihnachtsbaums
* Geschichte
  des Adventskranzes

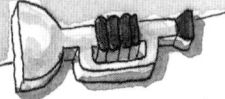

Gemeinsam feiern

* Elternabend S. 32
* Adventsfeier
* Familiengottesdienst
  S. 30

Bilderbücher

* mit Lichtdarstellungen
  (Bibliothek, Buchhandlung)

Erfahrungen
mit Kerzen

* Gefahren
* Wachs und seine
  Veränderung
* Licht und Wärme

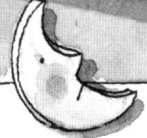

Erfahrungen mit
Dunkelheit

* Spiele mit geschlossenen
  Augen
* Schattenspiele
* Licht in die Dunkelheit
  bringen S. 28
* Angstgeschichten

Trost und Wärme erfahren

Es war ein dunkler Dezembermorgen. In der Mitte des Gruppenraumes stand ein niedriger Tisch mit einer Kerze. Die Kindergartenkinder sammelten sich drumherum, und wir sangen unsere Lieder vom Advent.

Danach begann die Freispielphase. Da wandten sich zwei Mädchen an die Erzieherin: „Wenn du die Kerze noch einmal für uns anzündest, zeigen wir dir unser Zauberspiel, wie wir aus einem Licht mehr machen."

Die Erzieherin war neugierig auf dieses Spiel, sie zündete die Kerze wieder an und sah den beiden Mädchen zu: Von zwei Seiten krochen sie auf den niedrigen Tisch zu. Schließlich knieten sie einander gegenüber so dicht an der Kerze wie nur irgendmöglich. „Jetzt guck mal in unsere Augen, dann staunst du", sagte das eine Kind zur Erzieherin. „Da siehst du nämlich mehr als eine Kerze."

Die Erzieherin kam auch ganz dicht an die Kerze und begann zu zählen: „Eins, zwei, drei, vier, fünf! Tatsächlich, ich sehe viele Kerzen. Sie spiegeln sich in euren Augen."

„Hm, und in deinen Augen sind jetzt auch noch zwei", fügten die Kinder hinzu.

Nachmittags in der Dienstbesprechung erzählte die Erzieherin den Kolleginnen von diesem Spiel. Ein langes Gespräch schloß sich an. Warum nehmen wir Erwachsene solche Dinge nicht mehr wahr, während die Kinder Entdeckungen machen, die über das hinausgehen, was sie vor Augen haben?

Um mit den Kindern gemeinsam mehr über die Wirkung des Lichtes zu erfahren, beschlossen wir ein Projekt, bei dem wir Kerzenlicht, Sonnenlicht und das Licht eines Diaprojektors miteinander vergleichen wollten.

Gleich am folgenden Tag begannen wir mit den Beobachtungen, denn die Sonne schien. Einen Teil des Raumes dunkelten wir mit Vorhängen ab: Dort sollte auf dem Tisch das Kerzenlicht beobachtet werden.

Die Kinder entdeckten die harten Schatten des Sonnenlichtes und im Gegensatz dazu die weichen Schatten in der Nähe des Kerzenlichtes. Sie verglichen die spürbare Wärme, die Kraft des durchscheinenden Lichtes und sprachen über ihre Gefühle nahe bei der Kerze und in der Sonne.

Auch die Empfindsamkeit des Kerzenlichtes kam zur Sprache: „Auf die Sonne müssen wir nicht so aufpassen, aber die Kerze kann flackern und ausgehen", stellte ein Junge fest.

Am nächsten Tag wurde ein Diaprojektor im Gruppenraum aufgebaut. Sein Lichtstrahl machte weitere Entdeckungen möglich: In ihm wurden noch mehr Staubteilchen sichtbar als im Sonnenlicht. Plötzlich merkten die Kinder auch, daß die verputzte Wand im Kindergarten alles andere als glatt und eben war. Das Projektorlicht machte es deutlich. Starkes Licht kann allerlei „aufdecken".

Als wir später im Zusammenhang mit der Weihnachtsgeschichte über Jesus sprachen, der „wie ein Licht" zu den Menschen kommt, verstanden die Kinder, was mit diesem Vergleich gemeint war. Sie dachten an die Wärme, den Trost, die Wegweisung durch ein starkes Licht. Uns Erwachsene dagegen beschäftigten auch Gedanken des aufdeckenden Lichtes. Jesus will vieles ans Licht bringen, was bereinigt und geordnet werden muß. Er deckt Ungerechtigkeit auf. Solch ein Licht bringt in Bewegung und will die Welt verändern.

Im Johannes-Evangelium lesen wir in Kapitel 1, Vers 5: „Das Licht scheint in die Finsternis, aber die Finsternis hat's nicht begriffen."

Wolfgang Longardt

Was die anderen erzählen

Eine Erzieherin berichtet

Im Herbst letzten Jahres fand in unserem Kindergarten ein Studientag zum Thema „Die Adventszeit im Kindergarten" statt. Neben meinen sechs Kolleginnen und unserer Leiterin nahmen die Pastorin, drei Elternvertreterinnen und ein Mitarbeiter des Kirchenvorstands teil. Die Leitung des Studientags hatte die Fortbildungsreferentin Frau J.

Nach einer kurzen „Anwärmphase" bildeten wir Gruppen zu je drei Teilnehmerinnen und tauschten unsere Erinnerungen an die Adventszeit im letzten Jahr aus. Dabei kam manches Positive zur Sprache, aber auch manches, was nicht gelungen war und was wir in diesem Jahr gerne besser gemacht hätten.

Nach der Gruppenarbeit bekam jede Teilnehmerin drei Karten. Darauf schrieb sie ihre Wünsche für die bevorstehende Adventszeit im Kindergarten und in der Gemeinde. Diese Wunschkarten wurden für alle sichtbar an die Wand geheftet. Aus den Gesprächen über diese Wünsche wurde als gemeinsamer Schwerpunkt zur Gestaltung der Advents- und Weihnachtszeit schließlich das Thema „Licht" gefunden.

Daß „Licht" ein wichtiges weihnachtliches Symbol ist, wußten wir natürlich alle. Aber wie erschließt man ein Symbol? Uns wurde klar, daß wir den Symbolgehalt eines Gegenstands oder Begriffs oder einer Handlung nur verstehen können, wenn wir persönliche Erfahrungen damit verbinden. Darum machten wir uns in einem nächsten Arbeitsschritt Gedanken über das, was „Licht" (und natürlich auch das Gegenteil davon, die Dunkelheit) in unserem Leben bedeutet: Wir sprachen zuerst über die ganz reale Seite von Licht und Dunkelheit, die wir im Wechsel

von Tag und Nacht, von trüben Winter- und hellen Sommertagen erleben. Im symbolischen Sinn verbinden wir „Licht" mit frohen und hellen Ereignissen. Wir erzählten uns Erlebnisse, die wir als „hell" in Erinnerung hatten. Aber auch über die „dunklen Seiten" des Lebens tauschten wir uns aus.

Nach diesen allgemeinen Überlegungen machten wir uns Gedanken über die Rolle des Lichts in der Advents- und Weihnachtszeit, die ja in die dunkelste und trübste Zeit des Jahres fällt. Das kleine Licht der Kerze weist uns auf das große Licht hin, das mit der Geburt Jesu und der damit verbundenen Hoffnung auf Frieden und Gerechtigkeit in die Welt gekommen ist. Die Lichter, die wir in der Adventszeit anzünden, verbreiten nicht nur Wärme, Besinnlichkeit und Glanz, sondern symbolisieren „Hoffnung".

Wir lasen die biblischen Texte über die Geburt Jesu, wie sie bei den Evangelisten Lukas und Matthäus stehen, und erkannten, daß schon damals das Symbol „Licht" in dieser Bedeutung gebraucht wurde.

Nachdem wir das Thema so von allen Seiten „beleuchtet" hatten, sammelten wir Ideen zur Umsetzung im Kindergarten: Wie können wir den Kindern Erfahrungen mit Licht und Dunkelheit ermöglichen? Welche Bilderbücher eignen sich für unser Thema? Welche Lieder? Was können Kinder dazu malen oder basteln? Aus allen Anregungen erstellten wir einen Rahmenplan mit dem Thema „Das Licht begleitet uns".

Auf der Grundlage dieses Rahmenplans haben wir in unserem Kindergarten die Adventszeit gestaltet. Wir waren früh genug dran, um alle Vorbereitungen in Ruhe zu treffen. Das fand ich besonders gut. Der Studientag war eine positive Erfahrung für uns alle.

Wir hören auf das Leise

Vier Kerzen leuchten im Advent

Wir lassen die Kinder das Anzünden der Kerzen mit allen Sinnen erfahren und führen sie behutsam an das Weihnachtsgeschehen heran. Gleichzeitig vermitteln wir ihnen etwas von der symbolischen Bedeutung des Lichts. Wir beginnen am Montag nach dem 1. Advent mit dem feierlichen Anzünden der ersten Kerze. Die kleine Feier verläuft immer nach dem gleichen Muster und verlängert sich von Adventswoche zu Adventswoche bzw. von Kerze zu Kerze, weil immer wieder bei der ersten Kerze begonnen wird und die Erzieherin den dazugehörenden Text wiederholt. Zwischen dem Text und dem Anzünden der nächsten Kerze wird jeweils das folgende Lied gesungen:

Licht - lein, Licht - lein im Ad - vent

schein' in uns - re Her - zen, Licht - lein,
schei - ne al - len Men - schen,
schei - ne al - len Kran - ken,

Licht -lein im Ad -vent, schein' in un - ser Haus.

Text: Christel Klotz, Melodie: Liselotte Rockel
aus: Das zweite Liedernest, Fidula-Verlag Boppard/Rhein und Salzburg

Text zur　Ich zünde die erste Kerze an.
1. Kerze　Sie brennt für alle Kinder, die *traurig* sind.
　　　　　Seht auf das Licht!
　　　　　Es leuchtet mit seinem Schein
　　　　　hell und warm in alle Herzen hinein.
　　　　　Es will sie trösten und sagen: Seid wieder froh.

24

Ich zünde die *zweite* Kerze an.
Sie brennt für alle Kinder, die sich *allein fühlen.*
Seht auf das Licht!
Es leuchtet mit seinem Schein
hell und warm in alle Herzen hinein.
Es will uns sagen:
Niemand ist allein! Gott will immer bei uns sein.

Text zur
2. Kerze

Ich zünde die *dritte* Kerze an.
Sie brennt für alle Kinder, die *Angst haben.*
Seht auf das Licht!
Es leuchtet mit seinem Schein
hell und warm in alle Herzen hinein.
Es will uns sagen:
Fürchtet euch nicht! Ich vertreibe die Dunkelheit.

Text zur
3. Kerze

Ich zünde die *vierte* Kerze an.
Sie brennt für alle Kinder, die *hoffen* und *warten.*
Seht auf das Licht!
Es leuchtet mit seinem Schein
hell und warm in alle Herzen hinein.
Es will uns sagen:
Freut euch alle, ihr Großen und ihr Kleinen!
Bald ist Weihnachten da, der Geburtstag von Jesus.

Text zur
4. Kerze

Am vierten Montag warteten die Kinder schon auf das feierliche Kerzenanzünden. Durch die Wiederholung waren ihnen die Texte und der Liedervers vertraut, und sie warteten gespannt, für wen die vierte Kerze brennen sollte. Die älteren Kinder hatten sich gut gemerkt, welches die Kerze für die „traurigen Kinder", welches die für die „einsamen" und „ängstlichen" war. Zwei Tage später kam ein Junge zu mir und bat mich, für ihn noch einmal die erste Kerze anzuzünden. Ich erfüllte seinen Wunsch. Der Junge setzte sich still auf einen Stuhl und sah die Kerze unverwandt an. Nach einer Weile stand er auf und sagte: ‚Nun bin ich warm.' Das hat mich sehr berührt."

Eine Erzieherin
berichtet

Mit dieser kleinen Meditation haben wir im letzten Jahr die Adventszeit gestaltet.

Wir basteln und spielen

Das Lichtspiel mit dem Stern

Wir brauchen:
ein großes
Stück Karton
Zirkel, 2 Kerzen

Mit einer einfachen kleinen Bastelarbeit vermitteln wir den Kindern die Faszination des Lichts.

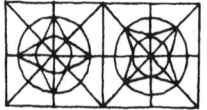

1. Wir schneiden ein Stück Karton zu einem Rechteck von 30 x 15 cm.
2. Mit Lineal und Bleistift ziehen wir die angegebenen senkrechten, waagerechten und diagonalen Linien. Um die zwei Mittelpunkte, die sich aus den Linien ergeben, ziehen wir mit dem Zirkel jeweils zwei Kreise von 1 cm und 7 cm Durchmesser. r·2,5   r·5,5
3. Wir zeichnen zwei Sterne in das Linienraster und schneiden sie aus. Achten Sie darauf, daß die Zacken des einen Sterns auf die Seitenmitte hin, die des anderen auf die Ecken hinweisen.

Spielidee

Wir knicken den Karton so, daß die Hilfslinien nach innen kommen, und stellen ihn auf einen Tisch nahe an die Wand. Nun stellen wir rechts und links zwei brennende Kerzen auf und rücken sie so lange zurecht, bis an der Wand ein achtzackiger Stern entsteht.

Schwimmende Lichter

In einem Spiel vermitteln wir den Kindern die symbolische Bedeutung des Lichts.

1. Wir teilen die Walnüsse in zwei Hälften und entfernen den
   Kern und die Zwischenwände. In die leeren Schalen
   drücken wir weichgeknetetes Wachs (Kerzenreste) um ein
   Stück Kerzendocht.
2. Wir kleben auf zwei einander gegenüberliegende Würfel-
   flächen einen schwarzen Punkt. Die übrigen vier Flächen
   werden mit je einem weißen Punkt beklebt.

Wir lassen etwa 10 Nußschalenkerzen in einer Schüssel mit
Wasser schwimmen und zünden die Hälfte davon an. Die Kinder setzen sich um die Schüssel und würfeln. Liegt die helle
Seite des Würfels oben, dann nennt das betreffende Kind etwas
Schönes, „Helles", etwas worauf oder worüber es sich freut, und
darf eine weitere Kerze anzünden (bei jüngeren Kindern über-
nimmt die Erzieherin das Anzünden). Liegt die dunkle Seite
oben, nennt das Kind etwas, wovon es traurig wird, wovor es
Angst hat, etwas „Dunkles", und bläst eine Kerze aus.
Da der Würfel mehr helle als dunkle Flächen hat, ist es wahr-
scheinlich, daß mehr Kerzen angezündet als ausgeblasen werden. Keinesfalls sollte man aufhören, wenn alle Kerzen gelöscht
sind.
Besonders wirkungsvoll ist das Spiel natürlich in einem dunklen Raum.

Wir brauchen:
Walnüsse
Wachsreste
Dochte
Würfel

Spielidee

27

Pampelmusenlämpchen

Wir brauchen:
Pampelmusen
Kerzenreste
Dochte

1. Wir halbieren eine Pampelmuse und nehmen das Frucht-fleisch so heraus, daß die Schale unversehrt bleibt.
2. In einem alten Kochtopf lösen wir Kerzenreste auf. Das flüs-sige Wachs füllen wir in die Pampelmusenhälften, wobei wir einen Rand von ca. 1 cm freilassen.
3. In das noch weiche Wachs stecken wir einen Docht. Den Docht halten wir solange fest, bis das Wachs erstarrt ist.

Variation

Aus zwei Pampelmusenhälften können wir eine Tischleuchte herstellen: Wir schneiden in die obere Pampelmusenhälfte klei-ne Löcher und setzen sie auf unser Pampelmusenlämpchen. Je mehr Löcher, desto heller der Schein. Die Pampelmusenleuchte eignet sich vorzüglich als adventliche Tischdekoration. Gleich-zeitig ist es eine schöne Geschenkidee für die Eltern oder Groß-eltern.

Pampelmusenlämpchen können Kinder gefahrlos in der Hand halten. Sie eignen sich deshalb gut für das folgende Spiel, in dem die Kinder die tröstliche Wärme des Lichts erfahren, das die Dunkelheit erhellt.

Spielidee

Eine Gruppe von Kindern sitzt im abgedunkelten Gruppen-raum auf dem Boden. Alle fassen sich an den Händen. Die Erzie-herin löscht das Licht. Je nach Situation kann man Dunkelheit und Stille länger andauern lassen. Dann singen alle gemeinsam ein „Licht"-Lied (z. B. „Lichtlein im Advent", s. S. 24). Nach Ende des Lieds öffnet sich die Tür; ein Kind trägt ein Pampelmusen-lämpchen herein und stellt es in die Mitte des Kreises. Es spricht dazu: „Ich bringe euch Licht. Mein Licht macht die Dunkelheit hell." Dieser Vorgang (einen Liedvers singen, ein Lämpchen hereinbringen) wird mehrmals wiederholt. Mit jedem Lämp-chen wird der Raum heller.

Ein Vorschlag zur Fenstergestaltung

Die Fenster eines Kindergartens sind die „Augen des Hauses".
Sie erzählen nach *außen* von der pädagogischen Arbeit und der
Atmosphäre des Kindergartens und bilden *innen* eine große
Fläche, die sich für gemeinschaftliche Gestaltung eignet. Mit
einer wohldurchdachten Fenstergestaltung können wir Gedanken aus unserer Arbeit bzw. Schwerpunkte unseres Themas auf-
greifen und über die Adventszeit hinweg vertiefen.

Ende November schneiden die Kinder Kerzen aus Transparentpapier aus. Noch vor dem ersten Advent werden diese Transpa-
rentkerzen ohne Flamme an den Fensterscheiben des Gruppenraums befestigt (Tesafilm).
Nach dem ersten Advent schneidet dann täglich ein Kind (montags drei) aus gelbem Transparentpapier eine „Flamme" aus
und klebt sie auf seine Kerze. Während dieser Tätigkeit überlegen die anderen Kinder gemeinsam eine Person, für die „ein
Licht angezündet" werden soll. Wenn die Flamme angeklebt
ist, können alle zusammen „Tragt in die Welt nun ein Licht"
(s. S. 32) oder „Kommt ein Lichtlein, leise, leise" (s. S. 30) singen.

Damit es nicht täglich neu eine Diskussion gibt, wer heute an
der Reihe ist, die Flamme aufzukleben, sollte man alle Namen
auf Kärtchen schreiben und diese Namenskärtchen in ein Körbchen legen. Jeden Tag wird nun aus dem Körbchen ein Name
gezogen. Diese Art der Auswahl finden sicherlich alle Kinder
gerecht. Schön ist es, wenn bei solchen Aktionen die Mitarbeiterinnen nicht nur zuschauen, sondern sich mit beteiligen.

*Wir brauchen:
rotes und gelbes
Transparent-
papier
Klebeband*

Anmerkung

Gemeinsam feiern

Kommt ein Lichtlein –
Reigen zu einem Familiengottesdienst

Dieser Reigen könnte von Eltern und Erzieherinnen mit größeren Kindern im Rahmen eines Lichtergottesdienstes getanzt werden. Damit sich niemand am tropfenden Wachs verbrennt, werden die Kerzen mit Manschetten versehen.

1. Kommt ein Licht - lein lei - se, lei - se, lei - se, leuch - tet freund - lich in die Welt, leuch - tet still auf sei - ne gu - te Wei - se bis es Herz um Herz er - hellt.

2. Kommt ein Menschlein nach dem andern,
   holt sich Licht von diesem Schein,
   trägt das Licht bei seinem Wandern
   in die weite Welt hinein.

Begleitmelodie

Vor- und Zwischenspiel

Text und Melodie: Hildegard Tauscher

Alle Mitspielenden stehen in einem nicht zu engen Kreis; jeder trägt in der Hand eine unangezündete Kerze.

Tanzvorschlag

1. Strophe: Eine Erzieherin kommt mit einer brennenden Kerze in den verdunkelten Raum, geht auf den Kreis zu, um einige der dort stehenden Personen herum und bleibt in der Kreismitte stehen.

2. Strophe: Takt 1– 4: Jede zweite Person tritt in Viertelschritten zur Mitte,
Takt 5– 8: zündet ihre Kerze an,
Takt 9–12: geht rückwärts an ihren Platz zurück,
Takt 13–16: zündet die Kerze des rechten Nachbarn an.

Die Melodie wird mehrere Male summend wiederholt. Dazu:
Takt 1– 4: Die ersten gehen in Viertelschritten in einem Bogen um den rechten Nachbarn auf den nächsten leergewordenen Platz,
Takt 5– 8: die zweiten tun das gleiche nach links;
Takt 9–16: alle drehen sich einmal rechts herum.

Takt 1– 4: Alle gehen in Viertelschritten vorwärts auf die Kreismitte zu,
Takt 5– 8: heben langsam ihre Kerzen zu einem Kreis um die etwas höher gehaltene Kerze der in der Mitte stehenden Erzieherin,
Takt 9–12: senken die Kerzen wieder und
Takt 13–16: gehen rückwärts an ihren Platz zurück.

Zur letzten Wiederholung der Melodie bilden alle, angeführt von der in der Mitte stehenden Erzieherin, eine Reihe und stellen ihre Kerzen an einen vorgesehenen Platz.

31

Ein Lichterspiel zum Elternabend

Der Raum ist fast dunkel (abgedunkelte Stehlampe). Die festlich vorbereiteten Tische sind halbkreisförmig angeordnet, so daß alle mit Blickrichtung zur Mitte sitzen. Vor jedem Platz steht eine nicht angezündete Kerze. In der Mitte des Raumes steht eine dicke Kerze, die ebenfalls nicht angezündet ist. Vor Beginn des Spiels ertönt leise, meditative Musik.

Spielverlauf Drei Erwachsene (Erzieherinnen) treten herein und setzen sich um die dicke Kerze. Sie tragen dunkle (schwarze) Umhänge und zeigen durch ihre gebeugte, sorgenvolle Haltung, daß es auch in ihrem Herzen dunkel ist. Im folgenden werden sie „Dunkel" genannt.

Singen gemeinsam (mit Instrumentalbegleitung) das Lied „Tragt in die Welt nun ein Licht". Während des Gesangs tritt aus dem Dunkel des Raumes eine weitere Person („Hell"). Sie ist ganz hell (weiß) gekleidet und trägt eine brennende Kerze.

Tragt in die Welt nun ein Licht,

sagt al - len: Fürch - tet euch nicht!

Gott hat euch lieb, Groß und Klein!

Seht auf des Lich - tes Schein!

Text und Melodie: Wolfgang Longardt, © Verlag Ernst Kaufmann, Lahr

1.

Hell: *geht zur Mitte und zündet die Kerze an.*
Seht das Licht! Es leuchtet und macht das Dunkle in uns ein wenig heller. Es will uns an Jesus erinnern, den

Gott uns geschickt hat, damit er wie ein Licht in der dunklen Welt leuchte. In der Bibel heißt es: „Das Volk, das im Dunkeln lebt, sieht ein großes Licht. Für die, in denen es dunkel ist, leuchtet ein Licht auf."

Dunkel: *seufzt*

(1)   Ich bin alt und einsam. Ich habe niemanden mehr auf der Welt. Das Leben macht mir keine Freude mehr.

Hell: *geht zu ihr hin und zündet ihre Kerze an.*
Ich bringe dir Licht. Es soll in die Dunkelheit deines Herzens leuchten und eine Hoffnung in dir anzünden. Du bist nicht allein. Wir sind da. Wir helfen dir und kümmern uns um dich. Und wenn wir Menschen nichts mehr tun können, will dieses Licht dir sagen: Vertraue auf Gott. Er hat versprochen, daß er niemanden verläßt, der ihm vertraut.

Alle singen nach der obigen Melodie: „Tragt zu den Einsamen ein Licht."

2.

Dunkel: *seufzt*

(2)   Ich bin krank. Ich habe Schmerzen. Vielleicht muß ich sterben. Davor habe ich Angst.

Hell: *geht zu ihr hin und zündet ihre Kerze an.*
Ich bringe dir Licht. Es soll in die Dunkelheit deines Herzens leuchten und eine Hoffnung in dir anzünden. Du wirst wieder gesund werden. Wir stehen dir bei. Wir sorgen für dich. Wir pflegen dich.
Und wo wir Menschen nichts mehr tun können, da will das Licht dir sagen: Vertraue auf Gott. Er hat versprochen, daß er niemanden verläßt, der ihm vertraut.

Alle singen: „Tragt zu den Kranken ein Licht".

3.

Dunkel: *schlägt die Hände vor das Gesicht.*

(3)   In meinem Land ist Krieg. Seit langem sehe ich nichts anderes als Gewalt, Haß und Zerstörung. Ich habe alles verloren. Warum nur können die Menschen nicht friedlich miteinander leben? Ich bin ganz verzweifelt.

33

Hell: *geht zu ihr hin und zündet ihre Kerze an.*
Ich bringe dir Licht. Es soll in die Dunkelheit deines Herzens leuchten und eine Hoffnung in dir anzünden. Wir nehmen dich auf. Wir geben dir Wohnung, Kleidung und Nahrung, damit du leben kannst. Und wo wir Menschen nichts mehr tun können, will dieses Licht dir sagen: Vertraue auf Gott. Er hat versprochen, daß er niemanden verläßt, der ihm vertraut.

Alle singen: „Tragt zu den Verzweifelten ein Licht".

Nun leuchten die Kerzen aller Spielerinnen. Die „Dunklen" legen ihren dunklen Umhang ab. Darunter kommt helle Kleidung zum Vorschein. Während alle die Melodie „Tragt in die Welt nun ein Licht" singen, gehen sie zu den Tischen und zünden die Kerzen an. Mit jedem neuen Licht wird der Raum heller.

Wenn alle Kerzen brennen, wird gemeinsam mit musikalischer Unterstützung der folgende Kanon gesungen:

Text: Reinhard Bäcker, Melodie: Detlev Jöcker
Aus Liedheft und MC „Licht auf meinem Weg". © Menschenkinder Verlag, Münster

Zum Vorlesen

Ein Märchen vom Licht

Vor vielen, vielen Jahren lebte ein König. Der wohnte in einem Schloß mit hohen Türmen und hellen Fenstern. Das schönste aber im Schloß war der große Festsaal, die Königshalle. Zweimal tausend Gäste hatten darin Platz, wenn der König ein Fest feierte.

Der König hatte zwei Söhne. Die rief er eines Tages zu sich und sprach: „Meine lieben Kinder, ich bin alt und werde nicht mehr lange leben. Einer von euch soll nach mir König sein und das Land regieren. Ich habe euch beide gleich lieb und weiß nicht, wem ich das Land geben soll. Deshalb sollt ihr eine Aufgabe lösen. Und wem das am besten gelingt, der soll König sein."

Die beiden Söhne waren einverstanden und fragten: „Vater, was sollen wir tun?"

Da sprach der König: „Ich gebe jedem von euch ein Goldstück. Kauft davon etwas, was die große Königshalle bis unter das Dach ausfüllt. Nicht ein Winkel darf frei bleiben! Und was ihr kauft, muß an einem Tag, an einem einzigen Tag, in die Königshalle hineingetragen werden. – Geht nun und wählt gut!"

Die beiden Königssöhne gingen davon und überlegten. Der ältere Sohn machte sich als erster auf den Weg. Tag und Nacht wanderte er durch Städte und Dörfer und suchte nach dem, womit er die Königshalle füllen könnte.

Er kam zu einem Bauern, der hatte große Scheunen voll Stroh. Und der Königssohn sah, daß der Bauer das Stroh für wenig

35

Geld verkaufte. Da freute sich der Königssohn und dachte bei sich: „Ich weiß, was ich tue! Mit diesem Stroh fülle ich die Halle meines Vaters, und dann werde ich König sein!" So kaufte er dem Bauern das viele Stroh ab und gab ihm sein Goldstück dafür.

Dann ließ er das Stroh auf riesige Wagen laden und fuhr es zum Schloß. Vom Morgen bis zum Abend trug er das Stroh in die Königshalle hinein. Aber als es dunkel wurde, da war die Halle noch nicht einmal halb gefüllt. Traurig ging der Königssohn davon.

Der König aber und seine Minister warteten gespannt auf den jüngeren Sohn, der ebenfalls ausgezogen war. „Wird er die Halle füllen können?" so dachten sie. „Und womit wird er es tun?"

Als drei Tage vergangen waren, kam der jüngere Sohn zurück ins Schloß. Er hatte nur einen Kasten aus braunem Holz bei sich. Den trug er in die Halle und verschloß die Tür. Als er nachgesehen hatte, daß er allein war, öffnete er den Kasten. Es waren viele kleine Öllampen darin. Die hatte er für sein Goldstück gekauft. Er stellte sie überall in der großen Halle auf und zündete sie an.

Als die Sonne untergegangen war, ging der Königssohn zu seinem Vater und sagte: „Die Aufgabe ist gelöst. Komm und sieh!"

Draußen war es dunkel. Der König aber und seine Minister gingen zur Königshalle. Als sie nun die Tür öffneten, blieben sie überrascht stehen: Helles Licht strahlte ihnen entgegen! Die vielen kleinen Lampen leuchteten bis unters Dach und in die finstersten Winkel hinein. Die große Halle war ganz voll Licht.

Da legte der König seinem Sohn beide Hände auf die Schultern und sprach: „Mein Sohn, du hast klug gewählt und die Aufgabe zu meiner Zufriedenheit gelöst. Darum sollst du nach mir König sein."

Die Minister verneigten sich und riefen: „Ja, er soll König sein!"
Da freute sich der Königssohn, und seine Augen leuchteten wie
das Licht.

Ursula Pollock
aus: „Wir sind nicht allein". Herausgegeben im Auftrag der Ev. Kirchen in der DDR, Ev. Ver-
lagsanstalt Berlin 1981

Welch' wundersame Nacht

Es ist Nacht. Die Hirten liegen in ihrem Zelt und schlafen. Nur
Habakuk, der alte Hirt, ist noch wach. Er kann nicht einschlafen.
Immerzu muß er an die Schafe denken, denn sie waren am
Abend so unruhig. Warum nur?
„Bäh, bäh", schon wieder blökt eines laut und ängstlich.
Habakuk ist besorgt. Leise steht er auf und verläßt sein Lager.
Draußen ist es dunkel und fast still. Nur ab und zu ist das leise
Knistern des Feuers zu hören. Habakuk geht zum Pferch der
Herde. Dicht gedrängt und Fell an Fell liegen sie beieinander
und wärmen sich. Nur Nembia steht aufrecht und späht in die
Dunkelheit der Nacht hinein.
„Was ist los?" flüstert Habakuk und krault das Fell des Tieres.
Auch Benjamin, der Hirtenjunge, hat das außergewöhnliche
Blöken des Schafes vernommen. Er ist seinem Vater gefolgt.
„Vater", sagt er zaghaft und zupft ihn am Umhang. „Vater,
warum sind die Tiere so unruhig?"
„Ich weiß es nicht, mein Sohn."
Plötzlich geschieht etwas Seltsames. Ein helles Licht zerreißt die
Dunkelheit der Nacht. Der Himmel erglüht, als würde er in
Flammen stehen. Benjamin erschrickt und sucht Schutz bei sei-
nem Vater. Auch Habakuk ist zusammengezuckt, doch er kann
sich nicht abwenden. Er hebt sein Antlitz und schaut gebannt

zum Himmel empor. Ihm stockt der Atem, denn solch ein Leuchten sah er nie zuvor. Dann wird aus dem Lichtermeer ein heller Stern sichtbar, und die Luft ist erfüllt von lieblichen Klängen. Habakuk hört, wie die Engel jubilieren: „Freut euch, heute ist Jesus geboren, der Retter der Welt!" Habakuk ist erfaßt von einer unsagbaren Freude. „Benjamin, hast du es auch gehört? Jesus ist geboren!"

Langsam weicht die Angst von Benjamin. „Vater", ruft er, „sieh mal, der Stern, er wandert weiter!"

„Welch wundersame Nacht", flüstert Habakuk.

Und so, als wäre es eine Selbstverständlichkeit, gehen die beiden los. Sie folgen dem Stern. Tief in ihrem Herzen singt und klingt es: „Heute ist Jesus geboren!"

Sie wandern und wandern, der Stern weist ihnen den Weg. Benjamin muß sich mächtig anstrengen, damit er seinem Vater folgen kann, der mit weitausgreifenden Schritten vor ihm hereilt.

Auf einmal bleibt der Stern stehen, direkt über einer alten verwitterten Hütte.

„Warum zieht er nicht weiter?" fragt Benjamin.

„Seltsam", spricht Habakuk, „die Hütte ist beleuchtet, dort muß etwas Besonderes geschehen sein."

Der weite Weg hat den alten Mann atemlos gemacht. Auf seinem Stock gestützt verschnauft er einen Augenblick.

„Vater, ob darin wohl das Kind geboren ist?" Eine Antwort wartet Benjamin nicht ab. Ihn zieht es mit aller Macht zur Hütte und dem Licht hin. Vor einem Fenster stellt er sich auf Zehenspitzen und schaut neugierig in den Raum hinein. „Vater!" Mehr kann er nicht sagen. Auch Habakuk, der hinter seinen Sohn getreten ist, findet keine Worte. Er reibt sich die Augen, ihm ist, als würde er träumen. Der Schein des Sternes beleuchtet den Raum. „Vater", das Kind dort in der Krippe, ist es das, von dem die Engel gesungen haben?" Habakuk nickt. „So wird es sein." Habakuk kann noch immer nicht begreifen, was er da sieht. Langsam rinnen Tränen über sein verwittertes Gesicht. Es sind Tränen der Freude. Dann faltet er still die Hände und dankt Gott.

Mit ungewohnter Zärtlichkeit streicht er seinem Sohn über den Kopf. „Benjamin, komm wir wollen umkehren. Dieses Wunder können wir nicht für uns behalten, alle sollen es erfahren."

Hand in Hand kehren sie heim und berichten von der frohen Botschaft dieser wundersamen Nacht.

Ilse Jüntschke

Großmutters Zauberkerze (für Erwachsene)

In unserer Familie haben wir eine ganz besondere Kerze. Auf
den ersten Blick könnte man denken, daß sie sich von anderen
Kerzen überhaupt nicht unterscheidet. Diese Kerze ist so etwas
Besonderes, daß wir sie nur sehr selten und in ganz besonders
dringenden Fällen anzünden.

Vor vielen Jahren bekam Großmutter diese Kerze von ihrem
Pastor geschenkt. Immer wenn der Altar neue Kerzen bekam,
und das war meistens Weihnachten der Fall, dann verschenkte
unser Pastor die Kerzenreste an Menschen, die ihm sehr nahe
standen. Großmutter war sehr stolz darauf, daß nun eine Altarkerze in ihrer Stube stand.

Ich erinnere mich noch ganz genau an den Tag, an dem
Großmutter ihre Altarkerze wohl zum allerersten Mal anzünde-
te. Ich kam in ihre Stube, um bei ihr zu spielen. Da sah ich auf
dem Tisch die brennende Kerze. Großmutter saß daneben und
weinte. Wir waren beide ganz still und haben der Kerze eine
Weile zugeschaut. Dann habe ich gefragt: „Warum zündest du
denn eine Kerze an, es ist doch noch hell?"

„Weißt du", sagte Großmutter, „in meinem Herzen ist es ganz dunkel, und ich habe so viel Kummer."

Mit meiner kindlichen Logik stellte ich fest: „Und die Kerze macht dein Herz wieder hell!"

„Ja", sagte sie, „und mein Gebet."

Großmutter hörte auf zu weinen, und ich wußte, daß die Kerze damit etwas zu tun haben mußte.

Nach diesem Erlebnis mit Großmutters Kerze bin ich mit meinem Kummer sehr oft zu ihr gegangen. Und jedes Mal hat sie ihre Kerze für einen Moment angezündet. Weil mein Kummer dann wie weggezaubert war, habe ich ihre Kerze Zauberkerze genannt.

In der Adventszeit und am Weihnachtsfest bekam Großmutters Zauberkerze einen besonderen Platz auf dem Tisch oder in der Nähe des Christbaumes. Aber sie wurde nur für kurze Zeit angezündet, damit sie auch wirklich lange hält.

Großmutters Zauberkerze hat meine Kindheit viele Jahre begleitet. Immer hatte Großmutter sie angezündet, das gehörte einfach zusammen. Ich erinnere mich auch ganz genau noch an den Tag, an dem ich ihre Kerze zum ersten Mal angezündet habe. Es war der Tag, an dem sie gestorben ist. Die Kerze hat uns geholfen, von ihr Abschied zu nehmen.

Damals war mir aufgefallen, daß die Kerze gar nicht viel kleiner geworden war, obwohl sie doch so oft gegen den Kummer hatte leuchten müssen. Das hat mich damals tief berührt, denn ich wußte, daß sie ihre Kerze für sich selbst nur sehr selten angezündet hat, weil sie sie für mich aufbewahren wollte.

Jetzt haben wir Großmutters Zauberkerze in unserer Familie. Unseren Kindern muß ich immer wieder davon erzählen. Dabei spüre ich, wie sie immer noch hilft, Kummer zu überwinden.

Werner Böse

Wenn wir Freude verschenken

Ideenbörse

Bezug zur Weih-
nachtsgeschichte

* Die Wünsche von
  Maria und Josef
* Die Geschenke der
  Sterndeuter
* Jesus als Geschenk
  Gottes an uns

Basteln

* Kerzen verzieren S. 53
* Kerzenhalter S. 51
* Streichelbild S. 50
* Nußwiege S. 52

Wir hören
auf das Leise

* Fühlen und
  sich einfühlen

Zum
Vorlesen

* Ursels Streichelbild S. 48
* Die verschenkte Freude
  S. 58
* Der Schächtelchenkalender
  S. 59

Gemeinsam feiern

* Elternabend S. 56
* Adventsfeier S. 54
* Gottesdienst

Lied

* Schenk mit Liebe
  S. 57

Gespräch über Wünsche

* Erwartung und Erfüllung
* Wünsche, die man nicht kaufen kann
* Wünsche anderer erraten

Darstellen

* Spielszenen
* Rollenspiele
* Wunschpantomime

Malen

* Wunschzettel

Gespräch über das Schenken

* Schenken in der Familie
* heimliche Geschenke
* Überraschungs-Geschenke
* Geschenke, die kein Geld kosten
* sich beim Schenken in andere einfühlen S. 48

Bilderbücher

* zum Thema (Bibliothek, Buchhandlung)

Spielen

* Nüssefest S. 54

Schenken ist Zeichensprache

Spiele mit Zeichensprache sind bei Kindern sehr beliebt. Während im Schulkindalter Geheimzeichen mit allerlei aufgemalten Zahlen- oder Buchstabenkombinationen oder auch mit Symbolen reizen, erfreuen sich Kindergartenkinder an Zeichensprachen, die Mimik, Handzeichen und einfache Gestik benutzen. Aber jede Zeichensprache will enträtselt, will verstanden werden.

Als ein Junge aus dem Kindergarten von einem Auto angefahren wurde und längere Zeit im Krankenhaus liegen mußte, überlegten wir in der Gruppe: Wie können wir ihm zeigen, daß wir alle an ihn denken? Allerlei Aufgemaltes und Selbstgebackenes wollten wir ihm ans Krankenbett bringen. Drei Kinder der Gruppe wurden ausgelost, sie durften unseren Gruß, unsere „Zeichen", ins Krankenhaus bringen.

Als sie in Begleitung einer Erzieherin leise die Tür zum Krankenzimmer öffneten, saß neben dem Bett die Mutter und legte einen Finger auf den Mund. Der verletzte Junge schlief, er sollte nicht aufwachen.

So wurde alles behutsam auf die Bettdecke gelegt: die gemalten Bilder und das Gebäck. Auf Zehenspitzen – aber doch ein wenig enttäuscht – gingen die Kinder aus dem Krankenzimmer. Doch immerhin: Ein Zeichen unserer Verbundenheit hatten wir an sein Bett bringen können. Irgendwann in den nächsten Stunden, so freuten wir uns schließlich, würde er wach werden, die Augen öffnen und staunen. Er würde sich freuen und unsere Zeichensprache verstehen!

Dies geschah Anfang November, und durch die gesamte Adventszeit zogen sich im Kindergarten Spiele zum Thema „Schenken ist Zeichensprache". Wir bereiteten einander Überraschungen, wir wollten einander Freude schenken. Mit unserer Zeichensprache wollten wir sagen: „Schau, ich hab an dich gedacht!" – „Du, ich mag dich ganz besonders!" – „Du, ich will mich mit dir wieder vertragen!"

Parallel zum Projekt „Schenken ist Zeichensprache" dachten Väter und Mütter anläßlich eines Elternabends über den Gegensatz von Schenken und Schenkerei nach. Jedes Geschenk spricht auf seine Weise. Ein Verlegenheitsgeschenk kann etwas Peinliches sagen. Auch das übergroße Repräsentationsgeschenk „spricht auf seine Weise" und macht nachdenklich. Ein mit ungelenker Hand mühsam angefertigtes Bastelgeschenk aber zeigt an: „Soviel Mühe hab' ich mir gemacht, es ist nicht ganz gelungen, aber verstehst du, daß ich dir damit etwas Liebes sagen will?"

Weil in den Dezemberwochen natürlich auch die biblischen Weihnachtserzählungen ihren Platz hatten, fiel den Kindern an der Geschichte der drei Weisen aus dem Morgenland (Matthäus 2, 1–12) auf, daß dort auch die „Zeichensprache des Schenkens" geschieht. Jene Männer, die gewiß eine ganz andere Sprache gesprochen haben, übten Zeichensprache: Sie machten sich so klein wie das Kind, sie knieten nieder, sie beugten sich vor dem Kind wie vor einem König. Eine ganz besondere Zeichensprache aber findet sich in den königlichen Geschenken: Gold, Weihrauch und Myrrhe! Für das Kind der schlichten Zimmermannsleute zu große Gaben, aber „Königskinder" wurden mit Gold, Weihrauch (einem wohlriechenden Duftstoff) und Myrrhe (einer kostbaren Salbe) geehrt! Für die Weisen aus dem Morgenland ist Jesus *der* neugeborene König.

Immer wieder haben die Kinder verschiedenste biblische Szenen aus Bethlehem nachgespielt und sich darin vertieft. Vielleicht haben sie auch erahnt, daß Jesu Geburt „Gottes Zeichensprache an uns" ist: Aus Liebe sendet er seinen Sohn. Damit die Hirten ihn finden und erkennen, heißt es: „Und dies habt zum *Zeichen,* ihr werdet finden das Kind in Windeln gewickelt und in einer Krippe liegen..." (Lukas 2, 1–20).

Wolfgang Longardt

Was die anderen erzählen

Bericht einer Kindergartenleiterin

An einem Morgen im letzten Herbst klopfte es an der Tür unseres Gruppenraums. Als ich öffnete, stand dort ein fremder Mann mit zwei ängstlich dreinschauenden Kindern, die sich an ihn klammerten.

„Entschuldigen Sie bitte die Störung", sagte der Mann mit einem fremdartigen Akzent. „Darf ich meine Kinder zu Ihnen bringen? Hier drin ist es warm, und bei uns frieren sie."

Ich sah den Fremden verdutzt an. Einige Kinder unterbrachen ihre Tätigkeit und kamen neugierig näher. Ich bat die drei herein. Dann erfuhr ich, daß der Mann mit seiner Frau und den Kindern aus seiner Heimat geflüchtet war und fürs erste in einer leerstehenden Laube am Dorfrand untergekommen war. Doch in der Laube gab es keine Heizung, und in den letzten Tagen war es empfindlich kalt geworden.

Klar, daß ich die Kinder behielt, und nicht nur an diesem Vormittag, sondern den ganzen Winter über. Wir machten einen Elternabend, bei dem ich den Eltern vom Schicksal der Flüchtlingsfamilie erzählte. Alle waren sehr betroffen. Am nächsten Morgen begann in unserem Dorf ein emsiges Treiben. Jemand schleppte einen alten Küchenherd herbei, den man noch mit Kohle heizen konnte, und schloß ihn notdürftig an. Andere Familien brachten Matratzen und Bettzeug, – alles was eben so nötig war.

Durch diese Familie bekam die Adventszeit in unserem Kindergarten eine andere Bedeutung. Als ich den Kindern von Josef und Maria erzählte und daß sie für ihr Kind kein richtiges Bett hatten, sondern es in einem armseligen Stall in eine Krippe legen mußten, da schauten alle zu den beiden Flüchtlingskindern.

46

Oft brachten die anderen Kinder ihnen kleine Päckchen mit und legten sie den „Neuen" an den Platz. „Vom Christkind!" sagten sie geheimnisvoll. Das verstanden die zwei bald. Wenn dann ein kleines Püppchen oder selbstgestrickte warme Handschuhe zum Vorschein kamen, dann strahlten nicht nur die Augen der Flüchtlingskinder. In diesen Wochen lernten unsere Kinder, wie schön es ist, anderen Freude zu bereiten.

Die Wünsche der Kinder scheinen manchmal unergründlich zu sein. Sie wünschen sich einen Teddy und wollen mit diesem Wunsch sagen: „Ich brauche etwas zum Liebhaben, ich fühle mich alleine." So äußern Kinder ihre Wünsche und Sehnsüchte oftmals auf eine Weise, die für Erwachsene schwer zu erkennen ist.

Letzten Sommer hat mir eine Mutter erzählt, daß ihre jüngste Tochter Kerstin bei bestimmten Familiensituationen immer das „Christkind" sein und geschaukelt werden will. In der Familie geht es sonst sehr hektisch zu. Doch wurde die Advents- und Weihnachtszeit mit Eltern, Großeltern und den älteren Kindern zusammen ganz bewußt im christlichen Sinn begangen. Es wurde gesungen, gebastelt, erzählt, und die Eltern nahmen sich vor allem für ihr jüngstes Kind viel Zeit. Kerstins Lieblingslied war „Josef, lieber Josef mein, hilf mir wiegen mein Kindelein". Wenn dieses Lied gesungen wurde, wünschte Kerstin sich, das Jesuskind zu sein. Dann nahmen die Eltern sie gemeinsam in ihre Arme und schaukelten sie. Seitdem verbindet Kerstin mit Weihnachten eine Situation der Zuwendung und Geborgenheit, und sie bringt ihre Sehnsucht danach auf diese scheinbar ungewöhnliche Weise zum Ausdruck.

Überlegungen
einer Erzieherin

47

Nachdenken und sich einfühlen

Wenn ein Geschenk gelingen soll, ist es nötig, daß die Person, die schenkt, sich in die Person hineinversetzt, die sie beschenken will. Das Einfühlen in die Wünsche und Bedürfnisse anderer ist beim Kind nicht von Natur aus vorhanden. Es muß geweckt und entwickelt werden.

Die folgende Geschichte regt an, sich einzufühlen in die Situation von Menschen, die nicht sehen können:

Ursels Streichelbild

Timos große Schwester Ursel arbeitet mit blinden Kindern. Timo fragt oft nach allem möglichen. Er kann es sich nur sehr schwer vorstellen, wie das ist, nicht sehen zu können.

Vor Weihnachten erzählt ihm Ursel davon, daß sie jeden Morgen die Kerzen am Adventskranz anzünden, zusammen singen und Weihnachtsplätzchen knabbern. Ja, das kann man mit vielen Sinnen erleben, denkt Timo. Man ist nicht nur auf die Augen angewiesen. Man spürt die Wärme der Kerzen und riecht den Duft des Kerzenwachses, der Tannenzweige und der Plätzchen. Und Plätzchen kann jeder genießen, mag er nun sehen können oder nicht.

Aber die vielen farbigen Dinge, die es in der Adventszeit gibt, die können blinde Kinder doch nicht sehen: die bunten Schaufenster, die helle Beleuchtung über den Straßen der Innenstadt, das Geschenkpapier, das mit vielen Bildern geschmückt ist, die so richtig das Warten auf Weihnachten immer länger machen. „Schade!" meint Timo. „Ich mag die Weihnachtskarten und Weihnachtsbilder so gern. All das ist nichts für deine Kinder!"

„Ich habe ihnen Adventskarten gebastelt", sagt Ursel und sucht in ihrer Handtasche. „Schau nur!" lacht sie und zieht eine Postkarte heraus. Sie hat sie sorgfältig in Seidenpapier eingewickelt. „Eine Karte ist übrig, die schenke ich dir!"

Neugierig greift Timo nach der Karte und betrachtet sie.

Ursel erklärt ihm, wie sie das Bild gebastelt hat. Zuerst hat sie Strohhalme aufgeschnitten und gebügelt. Dann hat sie die Strohhalme so auf die Karte geklebt, daß ein richtiges Bild entstanden ist: drei Kerzen mit kleinen Flammen an ihrer Spitze. Einen winzigen Zweig vom Lebensbaum hat sie dann gepreßt und noch auf die untere Hälfte des Bildes geklebt. Nun sieht es

so aus, als wachsen die drei brennenden Kerzen auf einem grünen Zweig. Einen kleinen Strohstern hat Ursel noch darüber geklebt.

„Sie tasten die Karten mit ihren Fingern ab", erklärt Ursel. „Sie fühlen jede kleine Erhebung. Und mit ihren Fingern entdecken sie die Adventskerze, den Zweig und den Stern!"

„Ja, wenn man nichts sieht, muß man sich eben so behelfen...", meint Timo nachdenklich und blickt zu den Weihnachtskarten neben dem Fernseher, die Mutter heute gekauft hat. Sie sollen in den nächsten Tagen noch alle geschrieben werden.

„Wir nennen so ein Bild Streichelbild", sagt Ursel leise und fährt ganz zart mit einer Fingerkuppe über die Kerze. „Ich mag es mehr als die bunten kitschigen Weihnachtskarten!"

„Das ist klar!" lacht Timo. „Du hast die Streichelbilder ja auch selbst gebastelt!" Spät am Abend, als Timo im Bett liegt und das Licht längst ausgeschaltet ist, hält er immer noch die Karte mit dem Streichelbild in seinen Händen. Wirklich, er hat entdeckt, daß er dieses kleine Bild auch im Dunkeln noch sehen kann. Ganz zart streicht er immer sieder über die aufgeklebte Kerze, den Zweig und den Stern. Und es braucht gar kein Licht zu brennen. Mit seinen Fingern allein entdeckt Timo im Dunkeln das helle Licht und den Stern, der einst über dem Stall von Betlehem gestanden hat. Jetzt versteht Timo seine große Schwester. Ja, eigentlich ist das kleine Streichelbild viel schöner als die bunten Weihnachtskarten aus dem Supermarkt.

Er legt das Bild neben sich auf das Kopfkissen. Sollte er mitten in der Nacht wach werden, dann möchte er es gleich wiederfinden. Dann wird er es streicheln und sich wieder ein bißchen mehr auf Weihnachten freuen.

Rolf Krenzer

Geschenke zum Selbermachen

Wir basteln ein Streichelbild

In Anlehnung an die vorangegangene Geschichte basteln wir mit den Kindern ein „Streichelbild".

Vorbereitung Für die Karten besorgen wir verschiedenfarbiges Tonpapier und schneiden daraus Karten in Postkartengröße. Dabei können ältere Kinder mithelfen.

Material Für die Streichelbilder benötigen wir möglichst vielseitige Materialien. Je unterschiedlicher das Material, desto interessanter wird das Streichelbild. Geeignet sind: Strohhalme, Borkenstückchen, kleine Tannenzweige, grobe Stoffstücke (Sackleinwand, Cord), feine Stoffstücke (Seide, Taft), flache Hölzer (Streichhölzer, Zahnstocher), kleine Knöpfe, Schrauben, Steinchen, Faltpapier usw.
Außerdem brauchen wir Klebstoff und Scheren.

Durchführung Das Material wird erst nach dem Vorlesen der Geschichte ausgelegt, um nicht die Aufmerksamkeit vom Inhalt der Geschichte abzulenken.
Die Kinder erhalten ausgiebig Gelegenheit, das Material (auch mit geschlossenen Augen) zu befühlen. Auf ihren Karten ordnen sie verschiedene Materialien zu einem „Bild" und kleben die einzelnen Teile fest.

Spielidee Jedes Kind „prägt" sich seine Karte ein, indem es sie sorgfältig mit geschlossenen Augen abtastet (mehrmals wiederholen). Dann werden alle Karten in einen Korb gelegt. Die Erzieherin geht mit dem Korb herum, und jedes Kind muß versuchen, „blind" seine Karte herauszufinden.
Wenn die Kinder Probleme haben, die Augen länger geschlossen zu halten, kann man auch ein Tuch über den Korb legen.
Die Kinder ertasten dann ihr Bild unter dem Tuch.

Kerzenhalter

farbiges Tonpapier oder Tonkarton
6 halbe Walnußschalen
Tannenzweige, Kerzen

Material

1. Auf das Tonpapier bzw. den Karton malen wir einen Stern auf, den die Kinder ausschneiden. Kleinere Kinder, die noch keine Sterne ausschneiden können, nehmen einen Bierdeckel und bemalen oder bekleben ihn.
2. In die Mitte des Untersetzers stellen wir die Kerze und befestigen sie provisorisch mit einem Tropfen Alleskleber. Rund um die Kerze werden nun die halben Nußschalen aufgeklebt. Sie geben der Kerze Halt.
3. Damit unser Kerzenständer schön aussieht, kleben wir zuletzt kleine Tannenzweige zwischen die Nußschalen. Besonders feierlich wirken die Kerzenständer, wenn sowohl der Stern wie auch die Kerzen rot sind.

Durchführung

Nußwiege

Material Halbe Nußschalen,
Perlen,
abgebrannte Streichhölzer,
Stoffreste,
Spitzen

Durchführung Je zwei Perlen stecken wir als Räder auf die Streichhölzer, die wir unten an den Nußschalenhälften festkleben. Eine weitere Perle dient als Köpfchen für die „Puppe". Wir malen ihr ein Gesicht auf. Ein Stückchen Stoff ist die Bettdecke. Mit der Spitze schmücken wir die Wiege aus.

Apfel-Nuß-Männlein

Material rotbackige Äpfel
Walnüsse
Zahnstocher
etwas Watte
rotes Buntpapier
Filzstifte, Alleskleber

Durchführung 1. Zwischen die zwei Hälften der Walnuß wird ein Zahnstocher gesteckt. Das andere Ende des Zahnstochers wird an der Stelle in den Apfel gebohrt, wo der Stiel sitzt.
2. Mit Filzstiften malen wir der Nuß ein Gesicht und kleben aus Watte einen Bart an.
3. Aus dem Buntpapier schneiden wir Halbkreise entsprechender Größe und formen daraus spitze Hüte, die wir hinten zusammenkleben und auf der Nuß mit Alleskleber befestigen. Fertig ist das Apfel-Nuß-Männlein.

Tischleuchte aus einem Marmeladenglas

Ein flaches, breites Marmeladenglas
buntes Seidenpapier
Tapetenkleister
1 Teelicht

Material

Das Marmeladenglas wird von außen mit Tapetenkleister einge- *Durchführung*
schmiert. Darauf werden bunte Seidenpapierstückchen geklebt.
Wenn alles trocken ist, wird ein Teelicht hineingestellt und mit
einem langen Streichholz angezündet.
Dieses Geschenk ist einfach in der Herstellung, kostet wenig
und ist verblüffend schön durch seinen Lichteffekt.

„Kerzen verzieren"

weiße Kerzen   *Material*
Plakafarben oder farbige Bienenwachsplatten

1. Idee: Die Kinder streichen weiße Kerzen mit farbiger Plaka- *Durchführung*
   farbe an. Wenn die Farbe angetrocknet ist, lassen sich mit
   einem spitzen Gegenstand (Kinderschere) verschiedene
   weihnachtliche Muster herauskratzen.
2. Idee: Aus farbigen Bienenwachsplatten verschiedene Formen schneiden und auf die Kerzen drücken. Für diese Arbeiten eignen sich dicke Stumpenkerzen besonders gut, weil sie
   handlich sind.

53

Gemeinsam feiern

Zeit schenken – Vorschlag für einen Elternnachmittag

Zur Adventszeit sollte gehören, daß Eltern sich Zeit für ihre Kinder nehmen, ihnen gewissermaßen „Zeit schenken". Eine Vorlesestunde, eine Feierstunde mit Singen und Musizieren, eine fröhliche Spielstunde sind beglückende Erlebnisse für Kinder und stillen ihre Sehnsucht nach Zuwendung.

Sicher wäre es für manche Eltern hilfreich, dafür Anregungen zu bekommen. Auf einem Elternnachmittag können wir ihnen Spielideen vorstellen, die sich ohne großen Aufwand zu Hause nachspielen lassen. Als Beispiel wollen wir hier ein „Nüssefest" feiern. Diese besonders für Familien mit mehreren Kindern geeignete Spielidee ist mit leichten Abänderungen dem Buch „Sei uns willkommen, schöner Stern", hrsg. von Gertrud Mielitz, Verlag Ernst Kaufmann, Lahr, entnommen.

Nüssefest

Vorbereitung   Wir brauchen dazu etwa 10 Nüsse pro Person und eine ausreichende Menge Nußknacker. Wer Zeit und Geschick hat, kann zuvor aus Nüssen hübschen Tisch- oder Zimmerschmuck basteln, z. B. Apfel-Nuß-Männchen, Nußwiegen oder Kerzenständer (s. S. 52).

Durchführung   Zu Beginn des Festes suchen alle nach einer vergoldeten Nuß, die so im Zimmer versteckt ist, daß man sie mit den Augen finden kann, ohne etwas öffnen oder wegräumen zu müssen. Wer die Nuß entdeckt hat, darf nichts verraten und setzt sich still wieder hin. Wer die Nuß zuletzt sieht, hat verloren und darf zum Trost die große Nußschüssel herumreichen. Jeder Mitspieler, jede Mitspielerin nimmt sich zehn Nüsse und legt sie vor sich hin.

Tip: Alle legen aus ihrem Vorrat die gleiche Anzahl Nüsse in die Tischmitte. Eine Person wird hinausgeschickt. Die anderen tippen eine Nuß aus dem Haufen an und merken sie sich. Die hinausgeschickte Person darf wieder hereinkommen. Mit der Frage „Tip?" berührt sie wahllos eine Nuß nach der anderen und darf die angetippten Nüsse so lange wegnehmen, bis sie an die vorher bestimmte Nuß gerät. Dann ist ein anderer Spieler dran. Schmilzt der Haufen zu sehr ein, kann er aus der Vorratsschale ergänzt werden.

Wie viele Nüsse in meiner Hand? Aus einem verdeckt auf dem Schoß liegenden Fünf-Nüsse-Vorrat nimmt man eine Anzahl in die Faust oder in beide Hände und hält sie seinem Nachbarn oder seiner Nachbarin mit der Frage „Wie viele?" hin. Wird die richtige Anzahl erraten, bekommt die ratende Person die Nüsse. Rät sie falsch, muß sie dieselbe Anzahl aus ihrem Vorrat an den Fragenden „bezahlen".

Würfeln mit Nußschalen: Mit zwei leeren Nußschalenhälften wird gewürfelt. Fallen beide mit der offenen Seite nach oben, so gewinnt man aus einem von allen Spielern gestifteten Vorrat eine Nuß. Liegt die offene Seite bei einer Schale nach oben, bei der anderen nach unten, gibt es zwei Nüsse. Liegen beide Schalen mit der offenen Seite nach unten, erhält man drei Nüsse.
Am Ende werden alle Nüsse vorsichtig geknackt, so daß möglichst viele unversehrte Nußschalenhälften übrigbleiben. Daraus können wir Nußschalenlichter basteln (s. S. 27) und sie in einer großen Schüssel mit Wasser schwimmen lassen. Mit Strohhalmen kann man die Schiffchen sachte von einem „Ufer" zum anderen pusten.

Zum Nüssefest passen Nikolaus- und Weihnachtslieder.

Freude schenken – Vorschlag für einen Elternabend

Manchmal quillt die Adventszeit von Veranstaltungen und Angeboten über. Deshalb sollte man sich überlegen, ob man nicht im November einen Elternabend machen sollte, der auf die Adventszeit einstimmt. Dies hat nicht nur den Vorteil, daß wir uns über unsere Erwartungen an die Advents- und Weihnachtszeit mit den Eltern unterhalten können, sondern wir können auch etwas miteinander basteln, das den Kindergartenalltag während der ganzen Adventszeit begleitet.

Eine Erzieherin berichtet

„In der letzten Novemberwoche veranstalteten wir einen Elternabend zu dem Thema „Freude schenken". Wir hatten zwei Programmschwerpunkte vorgesehen: Im ersten Teil des Abends bastelten wir mit den Eltern zusammen einen Schächtelchen-Adventskalender. Dazu falteten wir 24 Schächtelchen und klebten sie auf ein rotes Schleifenband. In die Schächtelchen steckten wir kleine Überraschungen und Zettel mit Botschaften für die Kinder, wie z. B. „Du darfst dir heute dein Lieblingslied wünschen" oder „Schlag vor, was wir heute spielen" usw. Den fertigen Adventskalender hängten wir in den Gruppenraum. Über die ganze Adventszeit hinweg durfte jeden Morgen ein Kind ein Schächtelchen öffnen. Es war immer ein spannender Augenblick.

Im zweiten Teil des Elternabends zeigten wir die Tonbildserie „Die verschenkte Freude", die wir uns auf der Kreisbildstelle besorgt hatten – Spieldauer 10 Minuten. In diesem Märchen (siehe Seite 58) geht es um Dorfbewohner, die die Gewohnheit haben, einander weiche Fellchen zu schenken, um sich gegenseitig eine Freude zu machen. Weil alle gleichermaßen schenken und beschenkt werden, gehen die Pelzchen nie aus. Bis eines Tages ein böser Kobold den Menschen vorrechnet, daß sie lieber nicht so freigebig mit dem Verschenken sein sollten, weil sie sonst am Ende nicht genug für sich selber zurückbehiel-

56

ten. Daraufhin werden alle mißtrauisch und geizig, und die
Freude, die früher geherrscht hat, ist dahin.

Die Tonbildserie machte alle sehr nachdenklich. Im an-
schließenden Gespräch über die Geschichte entdeckten wir
eigene Verhaltensweisen wieder: Wie geizig wir oft darin sind,
Freude zu verschenken. Das hat viele betroffen gemacht. Zum
Schluß schenkten wir jeder Mutter und jedem Vater, die gekommen waren, ein Pelzchen.

Ein paar Tage später sagte mir eine Mutter: „Ich habe zu Hause
die Geschichte erzählt. Jetzt macht das Fellchen die Runde unter
uns. Ich habe es schon dreimal wieder zurückbekommen.
Heute morgen hat mein Mann es mir geschenkt, bevor er zur
Arbeit ging.

Als Einleitung für den Elternabend eignet sich das folgende
Lied:

Schenk mit Lie - be, schenk mit Phan - ta - sie

sonst er - freust du nie - man - den und nie.

Gott will viel mehr Lie - be hier auf Er - den,

da - rum soll es Weih - nacht wie - der wer - den.

Nein, es geht nicht um die großen Gaben,
mancher will ein gutes Wort nur haben,
Gott will viel mehr Liebe hier auf Erden...

Text und Melodie: Wolfgang Longardt
Aus „Leben im Jahreskreis", Bd. 2: Herbst und Winter im Kindergarten, Verlag Herder (S. 79)

Zum Vorlesen

Die verschenkte Freude oder
Die kleinen Leute von Swabeedo

Vor langer Zeit lebten in dem Ort Swabeedo kleine Leute. Sie wurden die Swabeedoler genannt. Sie waren sehr glücklich und liefen den ganzen Tag mit einem freudig-fröhlichen Lächeln umher. Wenn sie sich begrüßten, überreichten sie sich gegenseitig kleine, warme, weiche Pelzchen, von denen jeder immer genug hatte, weil er sie verschenkte und sofort wieder welche geschenkt bekam. Ein warmes Pelzchen zu verschenken, bedeutete für die Swabeedoler: Ich mag dich. So sagten sie sich, daß jeder jeden mochte. Und das machte sie den ganzen Tag froh.

Außerhalb des Dorfes lebte ein Kobold – ganz einsam in einer Höhle. Wenn ein Swabeedoler ihm ein Pelzchen schenken wollte, lehnte er es ab. Denn er fand es albern, sich Pelzchen zu schenken. Eines Abends traf der Kobold einen Swabeedoler im Dorf, der ihn sofort ansprach: „War heute nicht ein schöner, sonniger Tag?" Und er reichte ihm ein besonders weiches Pelzchen.

Der Kobold schaute ihm in den Rucksack mit den Pelzchen. Dann legte er ihm den Arm vertraulich um die Schulter und flüsterte ihm zu: „Nimm dich in acht. Du hast nur noch 207 Pelzchen. Wenn du weiterhin so großzügig die Pelzchen verschenkst, hast du bald keine mehr."

Das war natürlich vollkommen falsch gerechnet; denn jeder Swabeedoler hatte, da jeder jedem welche schenkte, immer genug Pelzchen.

Kaum hatte der Kobold den verdutzten kleinen Mann stehen lassen, kam schon sein Freund vorbei und schenkte ihm ein Pelzchen. Doch der Beschenkte reagierte nicht wie bisher. Er packte das Pelzchen ein und sagte zu seinem Kollegen: Lieber Freund, ich will dir einen Rat geben. Verschenke deine Pelzchen nicht so großzügig, sie könnten dir ausgehen."

Bald gaben sich immer öfter Swabeedoler diesen Rat. So kam es, daß Pelzchen nur noch an allerbeste Freunde verschenkt wurden. Jeder hütete seinen Pelzchenrucksack wie einen Schatz. Sie wurden zu Hause eingeschlossen, und wer so leichtsinnig war, damit über die Straße zu gehen, mußte damit rech-

nen, überfallen und beraubt zu werden. Die kleinen Leute von Swabeedo veränderten sich immer mehr. Sie lächelten nicht mehr und begrüßten sich kaum noch. Keine Freude kam mehr in ihr trauriges und mißtrauisches Herz.

Erst nach langer Zeit begannen einige kleine Leute wieder wie früher, kleine warme, weiche Pelzchen zu schenken. Sie merkten bald, daß ihnen die Pelzchen nicht ausgingen und daß sich Beschenkte und Schenkende darüber freuten. In ihren Herzen wurde es wieder warm und sie konnten wieder lächeln, auch wenn die Traurigkeit und das Mißtrauen nie mehr ganz aus ihren Herzen verschwanden.

Märchen aus Irland

Der Schächtelchen-Kalender

Am Nachmittag hängte Frau Postel den Schächtelchen-Kalender im Kinderzimmer an die Wand. Er bestand aus 24 bunten Streichholzschachteln, die untereinander auf ein Band geklebt waren.

„Der Schächtelchen-Kalender!" jubelten Anja, Peter und Paul.

„Nicht anfassen!" rief Frau Postel. „Anfassen ist verboten!"

„Hoffentlich hast du nicht wieder so viel Marzipansachen reingetan, Mama", sagte Paul. „Letztes Jahr habe ausgerechnet ich immer das Marzipan erwischt!"

„Doch Marzipan, viel Marzipan!" riefen Anja und Peter.

„Lieber keine Gummibärchen", sagte Anja.

„Aber ich mag Gummibärchen!" schrie Paul.

„Ich auch!" sagte Peter.

„Sind auch wieder Brausebonbons drin, Mama?"

„Und Kaugummis?"

„Au ja, aber die runden!"

„Ihr wißt doch, daß die runden gar nicht reingehen", sagte Frau Postel. „Sie sind zu dick."

„Ooch! Schokoladentaler gehen auch nicht rein!"

„Und Geleefrüchte auch nicht! Wo ich die doch soo mag!"

„Eigentlich sind die Schächtelchen viel zu klein", stellte Peter fest. „Die besten Sachen gehen nicht rein!"

„Die Tina hat einen Schächtelchen-Kalender aus Zigarettenschachteln", berichtete Anja. „Und er gehört ihr ganz allein."

„Ja, wirklich, Mama", sagte Paul, „es wäre viel besser, wenn jeder

von uns einen Schächtelchen-Kalender für sich alleine hätte. Dann könntest du jedem das reintun, was er am liebsten mag."

„Aber sicher!" rief da Herr Postel, der gerade hereinkam. „Und nächstes Jahr nehmen wir dann Zigarrenkisten! Und übernächstes Jahr Schuhschachteln!"

„Warum sagst du das denn so böse, Papa?" fragte Anja.

„Weil ihr unersättlich seid! Zu meiner Zeit hatten wir einen Adventskalender mit Fensterchen, einen für die ganze Familie!"

„Ja, ja, früher!!" brummelten die Buben.

Anja räusperte sich und fragte: „Also, was ist? Darf ich jetzt das erste Schächtelchen aufmachen?"

„Wieso du?" rief Peter. „Du hast letztes Jahr schon angefangen!"

„Ja!" schrie Paul. „Diesmal darf der Älteste anfangen!"

„Aha!" regte sich Peter auf. „Einmal der Älteste und einmal der Jüngste. Da komme ich ja wohl nie dran."

Herr und Frau Postel schüttelten die Köpfe. „Kann man denn hier niemals etwas tun, ohne daß es in Zank und Streit endet?" fragte Frau Postel. „Es ist doch egal, wer beginnt. Außerdem ist dieses Jahr sowieso etwas ganz anderes drin."

„Was? Wieso denn?" riefen die Kinder erstaunt. Aber Frau Postel wollte nichts verraten. „Wir wollen erst essen!" sagte sie.

Nach dem Essen durfte Paul das erste Schächtelchen öffnen. Ein Zettel fiel heraus – sonst nichts.

„Ist das alles?" fragte Paul enttäuscht.

„So lies doch erst einmal, was darauf steht!" sagte Frau Postel. Paul faltete den Zettel auseinander und las vor:

„In dieser Adventszeit wollen wir jeden Tag eine Freude zusammen haben. Darum dürft ihr heute abend eine halbe Stunde länger aufbleiben. In dieser Zeit machen wir alle zusammen ein Spiel, das ihr euch aussuchen dürft!"

Da gab es mit einem Mal keine mißmutigen Gesichter mehr. Schnell war das Spiel gefunden: Verstecken in allen Zimmern. Herr und Frau Postel hatten ja eigentlich an etwas Ruhigeres gedacht, Mensch-ärgere-dich-nicht zum Beispiel oder Quartett. Aber versprochen ist versprochen.

„Ach, du, das war ein Spaß!" sagte Anja später, als sie und Peter und Paul im Bett lagen. „Ist morgen wieder so ein Zettel drin?" Frau Postel nickte.

„Oh Mann!" stöhnten Peter und Paul. „Ist das spannend!"

Von Kaugummis und Brausebonbons redete keiner mehr.

Renate Schupp

Wenn Türen sich öffnen

Ideenbörse

Lieder

* Jeden Tag öffne ich eine Tür S. 67
* Wir feiern heut ein Fest S. 71
* Sieh, für mich und für dich S. 73
* Ich lade dich ganz herzlich ein S. 77
* Wir gehören zusammen S. 80
* Das wünsch ich sehr S. 81

Zum Vorlesen

* Solche Häuser und andere Häuser S. 85
* Der Handschuh S. 86
* Die Weihnachtswurzel S. 87

Malen

* Häuser und Türen
* Jemanden fröhlich empfangen

Bezug zur Weihnachtsgeschichte

* Sie fanden keinen Raum in der Herberge
* Unsere Herzen öffnen für die frohe Botschaft

Wir hören auf das Leise

* Türen öffnen sich S. 72

Spielszenen

* Solche Häuser S. 76
* Wir gehören zusammen
  S. 78
* Komm nur herein S. 82

Gemeinsam feiern

* Gottesdienst:
  Fest der offenen Türen
  S. 74
* Gottesdienst:
  Wir gehören zusammen
  S. 78
* Adventsfeier S. 82

Basteln

* Gemeinschaftsarbeit:
  Adventshaus S. 68
* Fenstergestaltung S. 69
* Glöckchenhandschuhe
  S. 70

Gesprächsthemen

* Offen sein für die Nöte
  anderer
* Sich verschließen/sich
  öffnen

Bilderbücher

* zum Thema „Jemanden
  aufnehmen, sich anderen
  öffnen"
  (Bibliothek, Buchhandlung)

Einladung zum Hereinkommen

Kleine Geschichten, die sich an Türen zugetragen haben, können wir wohl alle erzählen. Seit Kindertagen erfahren wir vor oder hinter den Türen mancherlei Angenehmes oder auch Unangenehmes.

Solange wir als Kinder noch nicht einmal die Klinke erreichen konnten, erlebten wir Türen oft als eine Art Grenze. Doch auch heute stehen wir nicht selten vor Türen, die sich nicht öffnen lassen: Sei es, daß wir den Schlüssel nicht dabeihaben, oder daß jemand uns nicht öffnen möchte. Auch macht es einen Unterschied, auf welcher Seite der Tür wir uns befinden: Sind wir in unserer Wohnung oder in unserem Haus, so kann sie uns, gut verschlossen und gesichert, Schutz geben.

Was hinter einer Tür ist, das erweckt Neugier, darum haben wir als Kinder alle durch das Schlüsselloch geschaut. Doch so reizvoll dieses Spiel auch sein mag, die Perspektive kann täuschen: Wir sehen nur einen kleinen Teil des Raumes. Das, was nahe an der Tür steht, erscheint ungewöhnlich groß...

An weihnachtliche Tür-Erlebnisse erinnert das erwartungsvolle Stehen vor einer Tür, hinter der allerlei geheimnisvolle Geräusche zu hören sind.

Wie es bei uns zu Hause war, das will ich erzählen: Unser Wohnzimmer, das sich jedes Jahr zu Weihnachten in das ersehnte Weihnachtszimmer verwandelte, lag am Ende eines langen Flures, das Zimmer von uns Kindern aber genau am anderen Flurende. Gleich nach dem Mittagessen mußten wir Kinder uns bis zur Bescherung ins Kinderzimmer zurückziehen. Von dort lauschten wir auf jedes Geräusch, auf die Schritte von Vater und Mutter, auf das Knistern von Päckchen und Paketen. Abwechselnd hielten wir Wache am Schlüsselloch des Kinderzimmers, obwohl auf dem Flur kaum etwas zu sehen war.

Endlich läutete Mutter mit einem Silberglöckchen, und Vater öffnete beide Flügel der Tür zum Weihnachtszimmer. Ich erinnere mich, daß er dann immer die Arme ausbreitete und sagte: „So, nun dürft ihr kommen!" Unter dem Christbaum war Jahr für Jahr ein „Paradiesgarten" mit einem kleinen Zaun rundherum aufgebaut. In grünem Moos waren Maria, Josef und das Jesus-Kind zu finden, aber drumherum – wie bei Jesaja im sechsten Vers des elften Kapitels beschrieben – nicht nur Ochs und Esel, sondern auch Lamm und Löwe friedlich nebeneinander. Ein geschnitzter Engel stand neben der noch verschlossenen Tür

des Paradiesgartens. Immer wurde dann das Lied gesungen „Lobt Gott, ihr Christen" und bei der Schlußstrophe „Heut schließt er wieder auf die Tür" durfte ich, der Kleinste, die kleine Tür, vor der der Engel stand, öffnen. Erst danach suchte jeder seine Geschenke.

Wenn ich heute, im Abstand von Jahrzehnten, diese Bilder vor meinem inneren Auge aufsteigen lasse, so wird mir klar, daß sich eigentlich drei „Türen" öffneten: die Zimmertür; mein Vater, der einladend die Arme ausbreitete, und schließlich die kleine Paradiesgartentür, die im Lied besungen wird. Denke ich an diese leuchtenden Kindheitsweihnachtsfeste, dann geht mir das Herz auf.

Daß Menschen sich auch öffnen können wie Türen, das möchte ich weitergeben...

Wolfgang Longardt

Was die anderen erzählen

Eine Erzieherin
berichtet

Wir sind ein Zweigruppen-Kindergarten in einer ländlichen Gemeinde. Viele Eltern sind berufstätig und haben zu ihrem Arbeitsplatz einen langen Anfahrtsweg. Sie bringen ihre Kinder schon ab sieben Uhr in den Kindergarten. Nach und nach kommen dann alle anderen hinzu. Die Kinder gehen zunächst ihren Neigungen nach. Um neun Uhr beenden wir diese Freispielphase und finden uns zu einem Morgenkreis zusammen.

Als äußeres Zeichen der Zusammengehörigkeit bilden wir in unserem geräumigen Flur einen großen Kreis, in dem alle anwesenden Kinder und Mitarbeiterinnen Platz finden, und in dem wir uns alle ansehen können. Den gegenseitigen Blickkontakt finde ich besonders wichtig. So fühlt sich kein Kind übersehen, und niemand bleibt unbeachtet.

Die inhaltliche Gestaltung dieses Morgenkreises richtet sich nach den Festen im Jahreskreis und nach besonderen Situationen. Wir singen, erzählen und besprechen gemeinsame Aktivitäten. Alle Kinder fühlen sich angesprochen und in unsere Überlegungen einbezogen.

Die Inhalte sind unterschiedlich, aber der Beginn und der Abschluß sind immer gleichbleibend. Wir beginnen mit einer Begrüßung. Wir fassen uns an, schauen in die Runde und wünschen uns einen guten, gesegneten Tag. Mit einem gesprochenen oder gesungenen Gebet beenden wir den Morgenkreis. Die Kinder lieben dieses vertraute Ritual, und sie kommen stets erwartungsvoll mit ihren Stühlen aus dem Gruppenraum.

Im letzten Advent stand das Öffnen der Fenster an unseren selbstgebastelten Adventshäusern* im Mittelpunkt des Morgenkreises. Bereits in der letzten Novemberwoche hatte jede der beiden Gruppen in Gemeinschaftsarbeit ein Adventshaus mit 23 Fenstern und einer großen Tür gebastelt. Die Häuser waren von innen beleuchtet. Im Morgenkreis durfte dann aus jeder Gruppe ein Kind ein Fenster öffnen. Dazu sangen wir ein Lied (siehe Seite 69) oder erzählten eine kurze weihnachtliche Geschichte.

Von Tag zu Tag vergrößerte sich die Spannung. Voller Ungeduld verfolgten die Kinder das Öffnen der Fenster und zählten immer wieder, wie viele noch verschlossen waren. Im Rahmen

*Bastelanleitung siehe Seite 68

einer weihnachtlichen Feierstunde am letzten Kindergartentag
wurden dann die Türen der beiden Adventshäuser geöffnet.
So haben die Kinder unmittelbar erlebt, wie der Raum mit
jedem Fenster, jeder Tür, die sie öffneten, heller wurde. Außerdem trug der täglich wiederkehrende Morgenkreis ihrem Be-
dürfnis nach Nähe Rechnung. Ich glaube, daß solche Rituale
den Kindern Sicherheit und Geborgenheit geben. Auf dieser
Basis kann nach und nach der kindliche Glaube wachsen. Die
Tür dahin haben wir im letzten Advent jeden Morgen ein wenig
geöffnet.

Macht die Türen, die Herzen ganz weit,
denn es kommt nun die Weihnachtszeit,
lasset niemand allein, gebt nun acht:
Gott hat uns soviel Freude gemacht.

Text und Melodie: Wolfgang Longardt

Wir basteln und spielen

Gemeinschaftsarbeit: Adventshaus

Material Tonkarton
Wachsmalkreide oder Buntpapier
Lichterkette
Klebeband, kleine Nägel

Durchführung 1. Wir malen auf den Karton eine Hausfassade von etwa 1 m Höhe und 60 cm Breite und schneiden die Umrisse aus.
Die Kinder schmücken mit Wachsmalstiften die Fassade des Adventshauses weihnachtlich aus oder schneiden aus Buntpapier Weihnachtssymbole wie Kerzen, Sterne, Glocken usw. und kleben sie auf.
2. Die Seitenteile (siehe Abbildung) befestigen wir mit Klebeband und kleinen Nägeln an der Wand. Hinter dem Adventshaus lassen wir an der Wand eine Lichterkette mit kleinen elektrischen Birnchen entlanglaufen

Vorschlag zur Fenstergestaltung

Jedes Kind schneidet aus dunklem Tonpapier (ohne Schablone) ein Haus aus. Das Haus erhält ein großes Fenster oder eine Tür. Das Tonpapier wird so eingeschnitten, daß ein Fenster- bzw. Türladen entsteht. Hinter das Fenster oder die Tür kleben die Kinder helles Transparentpapier. Aus gelbem Tonpapier schneiden sie außerdem noch einen Stern.

Vor dem ersten Advent werden die Häuser mit den geschlossenen Fenster- bzw. Türläden mit Tesafilm an die Scheiben des Gruppenraumes geklebt. Der Stern wird am Dachfirst bzw. am Dachgiebel angebracht.

Nach dem ersten Advent öffnet täglich ein Kind (am Montag drei) den Fenster- bzw. Türladen seines Hauses. Nun leuchtet Licht in seinem Fenster. Dann nimmt das Kind seinen Stern vom Dach ab und schenkt ihn einem anderen Kind, dem es eine Freude machen will, oder einer Erzieherin. Vielleicht möchte es ihn auch mit nach Hause nehmen und ihn dort verschenken.

Von Tag zu Tag wird es so im Gruppenraum heller. Und von Tag zu Tag haben die Kinder die Möglichkeit, eine Freude zu verschenken.

Um eine „gerechte" Reihenfolge zu gewährleisten, fertigen wir *Anmerkung* von den Kindern Namenskärtchen an. Jeden Tag wird aus dem Kartenstoß ein Name gezogen.

Glöckchenhandschuhe

Die folgende Spiel- und Bastelidee ist dem Adventskalender „Weihnachten in aller Welt", Verlag Ernst Kaufmann, Lahr, entnommen.

Material alte Handschuhe
möglichst viele Kronenkorken
Hammer und Nagel
Nadel und Zwirn

Durchführung
1. Wir schlagen mit Hammer und Nagel Löcher in die Mitte der gesammelten Kronenkorken.
2. Dann fädeln wir mehrere Kronenkorken auf einen starken Zwirnfaden und nähen sie lose auf einen alten Handschuh. Hat ein Kind keine alten Handschuhe, nähen wir einen Fäustling aus zwei Teilen grobem Stoff zusammen. Je mehr Kronenkorkengrüppchen wir auf einen Handschuh nähen, desto lauter kann man damit rasseln.

Die Glöckchenhandschuhe eignen sich zu rhythmischen Übungen, an denen Kinder viel Spaß haben. Zum Ausprobieren singen wir gemeinsam das Lied „Wir feiern heut ein Fest". Man kann das ganze Lied mit Rasseln im Takt begleiten; man kann das Rasseln aber auch sparsam einsetzen (z. B. bei „Herein, herein..."). Die im Lied angesprochenen Tätigkeiten werden ausgeführt (und nach Belieben ergänzt), wobei durch die Bewegungen der Arme und Hände ausreichend Gelegenheit zum Rasseln gegeben ist.

Wir feiern heut ein Fest und singen (hüpfen) miteinander, win-
ken (helfen) uns einander
Wir feiern heut ein Fest, weil Gott uns alle liebt.
Herein, herein, wir laden alle ein!

Wir feiern heut ein Fest und freuen uns am andern.
Wir feiern heut ein Fest, weil Gott uns alle liebt.
Herein, herein...

Text: Rolf Krenzer, Melodie: Ludger Edelkötter
aus: „Wir feiern heut' ein Fest." © Impulse-Musikverlag, Drensteinfurt

Wir hören auf das Leise

Türen öffnen sich

Vorbereitung   Im November werden mit den Kindern in Gemeinschaftsarbeit vier Türen in Plakatgröße (ca. 50 x 80 cm) gebastelt. Für jede Adventswoche eine. Diese Türen sind mit Weihnachtssymbolen bunt verziert. Sie werden noch verschlossen an der Wand des Gruppenraumes aufgehängt.

Durchführung   Am Montag nach dem 1. Advent zünden wir die erste Adventskerze an.

Sieh, für mich und für dich öff - nen

Tü - ren sich, das ist schön, das ist

schön, kannst du es ver - steh'n?

Wolfgang Longardt

Kind: Öffnet die erste Adventstür
Erzieherin: „Wir haben heute das erste Adventslicht und die
                    erste Adventstür geöffnet. Ich wünsche mir für
                    diese Woche eine gute Zeit und recht viel Freude
                    an allem, was wir gemeinsam tun. Ich bitte Gott,
                    daß er seine schützende Hand über uns hält."
Lied: „Sieh für mich..."
Wünsche: Die Kinder äußern ebenfalls Wünsche. Nach jedem
                    Wunsch wird der Liedvers wiederholt.
Lied: „Sieh für mich..."
Erzieherin: Liest einen Abschnitt der Weihnachtsgeschichte vor
                    (Lukas 1, 26–56).
Lied: „Sieh für mich..."
Ausblasen der ersten Adventskerze

Diese Meditation wird in gleicher Form jeden Montag wiederholt. Es wird jeweils eine Tür geöffnet, eine Adventskerze angezündet, ein Lied gesungen; es werden Wünsche eingebracht,
und ein Abschnitt der Weihnachtsgeschichte wird vorgelesen.

1. Adventswoche: „Gute Nachricht für Maria" (Lukas 1, 26–56)
2. Adventswoche: „Jesus wird geboren" (Lukas 2, 1–7)
3. Adventswoche: „Ehre sei Gott in der Höhe" (Lukas 2, 8–20)
4. Adventswoche: „Endlich ist er da" (Lukas 2, 22–40)

Zum Vorlesen eignen sich die Texte aus der: „Neukirchener Kin-
der-Bibel" von Irmgard Weth.

73

Gemeinsam feiern

**Fest der offenen Türen –
Vorschlag für einen Familiengottesdienst**

Vorbereitung Am Tag vor dem Gottesdienst haben Erzieherinnen und Eltern zusammen mit dem Kirchendiener die Kirchentür mit Tannenzweigen und weihnachtlichem Zubehör festlich geschmückt. Am Sonntag steht die Tür einladend offen.

Verlauf Orgelvorspiel

Eingangslied: Macht hoch die Tür (Verse 1–3)

Begrüßung
(Kindergartenleiterin): Bezug zum Symbol „Tür", persönliche Erfahrungen mit verschlossenen und geöffneten Türen

Lied der Kinder: „Wir feiern heut' ein Fest" (Seite 71)

Aktivitäten der Familien: Jede Familie malt gemeinsam ihre Haustür bzw. Wohnungstür auf (Materialien liegen bereit oder wurden von zu Hause mitgebracht). Diese gemalten Türen werden von den Kin-

dern und Helfern für alle sichtbar aufgehängt und bleiben bis nach Weihnachten hängen.

Lied der Kinder:	„Ich lade dich ganz herzlich ein" (Seite 77)
Rollenspiel (ältere Kinder, Konfirmanden):	„Solche Häuser und andere Häuser" (Seite 85)
Lied mit Kindern und Erwachsenen:	„Ich lade dich ganz herzlich ein"

Dieses Lied wird nun mit den Gottesdienstbesuchern eingeübt und anschließend gespielt.

Predigt:	Es wird eine Verbindung vom Thema „Fest der offenen Türen" zum Rollenspiel und den gemalten Haustüren hergestellt.
Lied der Gemeinde:	„Macht hoch die Tür" (Verse 4 und 5)
Gebet (Kindergartenleiterin oder Erzieherin):	„Herr, du kennst die Verschlossenheit unserer Herzen. Ich bitte dich, weise uns den Weg, den deine Liebe geht, damit wir deinen Spuren folgen und unser Herz dem öffnen, der draußen vor der verschlossenen Tür auf unsere Hilfe wartet."

Vaterunser und Segen

Schlußlied:	„Christfest, Christfest, Fest der offenen Türen"

Orgelnachspiel

Rollenspiel zum Familiengottesdienst

Nach der Geschichte „Solche Häuser und andere Häuser" von Renate Schupp (Seite 85)

Erzählerin: Es waren einmal drei Kinder. Eines Tages klingelten sie bei einigen Nachbarn und baten, eingelassen zu werden. Wie werden die Nachbarn reagieren?

Die Kinder: *klingeln an einer Haustür. Die Tür wird etwas geöffnet.* Guten Tag, Herr Max, wir möchten sie besuchen.

Herr Max: Was, um diese Zeit? Das finde ich unverschämt! Merkt euch für alle Zeiten! In meinem Haus will ich meine Ruhe haben! *Knallt die Tür zu.*
Die Kinder gucken sich erschrocken an, senken ihre Köpfe und gehen enttäuscht davon.

1. Kind: Kommt, wir klingeln bei Frau Else, die läßt uns bestimmt ein. *Sie klingeln. In der halbgeöffneten Tür steht eine Frau mit Kopftuch und Schürze.*

Die Kinder: Guten Tag, Frau Else, dürfen wir reinkommen?

Frau Else: Jetzt? Das paßt mir aber gar nicht. Wißt ihr, ich habe heute gründlich aufgeräumt und bin gerade mit dem Putzen fertig. *Zeigt auf die Schuhe der Kinder.* Seht mal eure Schuhe an, ihr tragt mir zu viel Schmutz herein. Kommt ein anderes Mal wieder vorbei. *Sie schließt die Tür.*

Die Kinder: Schade, auch Frau Else will uns nicht.

2. Kind: Wir versuchen es bei Herrn Walter.
Sie klingeln. Herr Walter öffnet. Er ist mit einem Malerkittel bekleidet.

Die Kinder: Guten Tag, Herr Walter, wir wollen Sie besuchen.

Herr Walter: Ausgerechnet jetzt? Das tut mir leid, aber ich habe wirklich keine Zeit. *Zeigt auf seinen Malerkittel.* Ihr seht ja, ich habe noch viel zu tun, die Räume brauchen einen neuen Anstrich. Versucht es woanders.

Die Kinder: *Wenden sich ab.* Warum läßt uns niemand ein?

3. Kind: Wollen wir bei Frau Rosa klingeln?

Die Kinder: Oh ja! *Sie laufen zum Haus von Frau Rosa.*

Die Kinder: *klingeln bei Frau Rosa*
Guten Tag, Frau Rosa, dürfen wir hereinkommen?

Frau Rosa:	*öffnet ihre Tür weit und breitet ihre Arme aus.* Ihr kommt im richtigen Augenblick. Ich habe heute einen Kuchen gebacken. In der Küche liegt zwar noch alles durcheinander, aber wir werden es uns schon gemütlich machen. Kommt nur herein, ihr seid herzlich willkommen.
Erzählerin:	Mit strahlenden Augen gehen die Kinder durch die weitgeöffnete Tür ins Haus von Frau Rosa.

Spiellied zum Familiengottesdienst

Ich la - de dich ganz herz - lich ein, komm
doch zu mir her - ein. Ich wer - de mich ganz
si - cher freun, und wir sind nicht al - lein.

Der Himmel ist hoch über uns
und hier bei uns zu Haus.
Gott ist bei dir, Gott ist bei mir,
drum ruh' dich bei mir aus.

Text: Rolf Krenzer, Melodie: Inge Lotz
Herausgeber: Abakus Schallplatten Barbara Fietz + Ulmtal-Musikverlags GmbH,
6349 Greifenstein- Allendorf

Spielanregung

Zwei Erwachsene stellen ein Haus dar: Sie stehen sich gegenüber und halten sich an den Händen. Ein Kind kommt in das Haus hinein, wird festgehalten und leicht zur Musik geschaukelt. Dabei schließen alle die Augen, so daß sich das Geborgensein erfahren läßt. Im Spielkreis können viele Häuser entstehen. Nach jeder Strophe darf man ein anderes Haus aufsuchen und sich dort schaukeln lassen.

Wir gehören zusammen –
Vorschlag für einen Familiengottesdienst

Vorbereitung Die Vorbereitung auf diesen Gottesdienst wurde von verschiedenen Gruppen in der Gemeinde mitgetragen. Dadurch sollte zum Ausdruck gebracht werden: Auch wir als Gemeinde gehören zusammen. Die Kinder des Kindergartens hatten zum Thema Collagen angefertigt und Wunschbilder gemalt, die im Vorraum der Kirche aufgehängt waren.

Verlauf Eingangslied (alle): „Macht hoch die Tür"... (Verse 1–3)
Begrüßung (Kinder-
gartenleiterin): Hinweis auf das Thema und die vorbereitenden Aktionen.
Kanon (alle): „Das wünsch ich sehr" (Seite 81) wird mit der Gemeinde eingeübt.

Rollenspiel Ausgeführt von größeren Kindern und Mitarbeiterinnen des Kindergartens.

1. Kind: Ich heiße *Igor*. Ich komme aus Rußland. Ich wünsche mir, daß die Menschen in meiner Heimat genug zum Essen haben und im Winter nicht frieren müssen.
2. Kind: Ich heiße *Rebecca*. Meine Familie wohnt in Israel. Ich wünsche mir, daß alle Völker friedlich zusammenleben und niemand Angst um sein Leben haben muß.
3. Kind: Ich heiße *Beatrice* und komme aus Thüringen. Ich wünsche mir, daß meine Eltern bald wieder Arbeit finden.

Lied (alle):	„Wir gehören zusammen" (siehe Seite 80)
4. Kind:	Ich heiße *Wan-tu.* Ich komme aus Vietnam. Ich wünsche mir eine Puppe, eine ganz kleine, die mir alleine gehört.
5. Kind:	Ich heiße *Daniel* und komme aus dem Harz. Ich wünsche mir, daß in Zukunft nicht mehr so viele Autos fahren und den Wald kaputtmachen.
6. Kind:	Ich heiße *Ahmet.* Meine Familie stammt aus Anatolien. Ich bin traurig, weil an unserem Haus steht: Türken raus. Ich wünsche mir, daß alle Menschen sich verstehen.
Lied (alle):	„Wir gehören zusammen"
7. Kind:	Ich heiße *Mischa* und komme aus Bosnien. Ich wünsche mir, daß der Krieg aufhört.
8. Kind:	Ich heiße *Maria* und komme aus Polen. Ich wünsche mir, daß meine Oma bald gesund wird.
9. Kind:	Ich heiße *Susanne* und bin hier im Ort geboren. Ich wünsche mir, daß keine Häuser angesteckt werden.
Lied (alle):	„Wir gehören zusammen"

Die neun „Wunschkinder" stehen im Halbkreis vor dem Altar. Ihnen gegenüber stehen neun Konfirmanden und Konfirmandinnen. Diese zünden nun ihre Kerzen an und bringen sie zu den Wunschkindern. Danach singt die Gemeinde den neu erlernten Kanon „Das wünsch ich sehr".

Gebet (älteres Kind):	Lieber Gott, ich wünsche mir, daß die Wünsche der Kinder in Erfüllung gehen. Amen
Predigt:	In der Predigt wird ein Bezug zu den einzelnen Wünschen hergestellt. Was können wir tun, um sie zu erfüllen und um allen das Gefühl des Zusammengehörens zu geben?

79

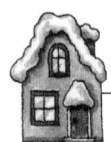

Fürbittgebet
Vaterunser u. Segen
Ausgangslied

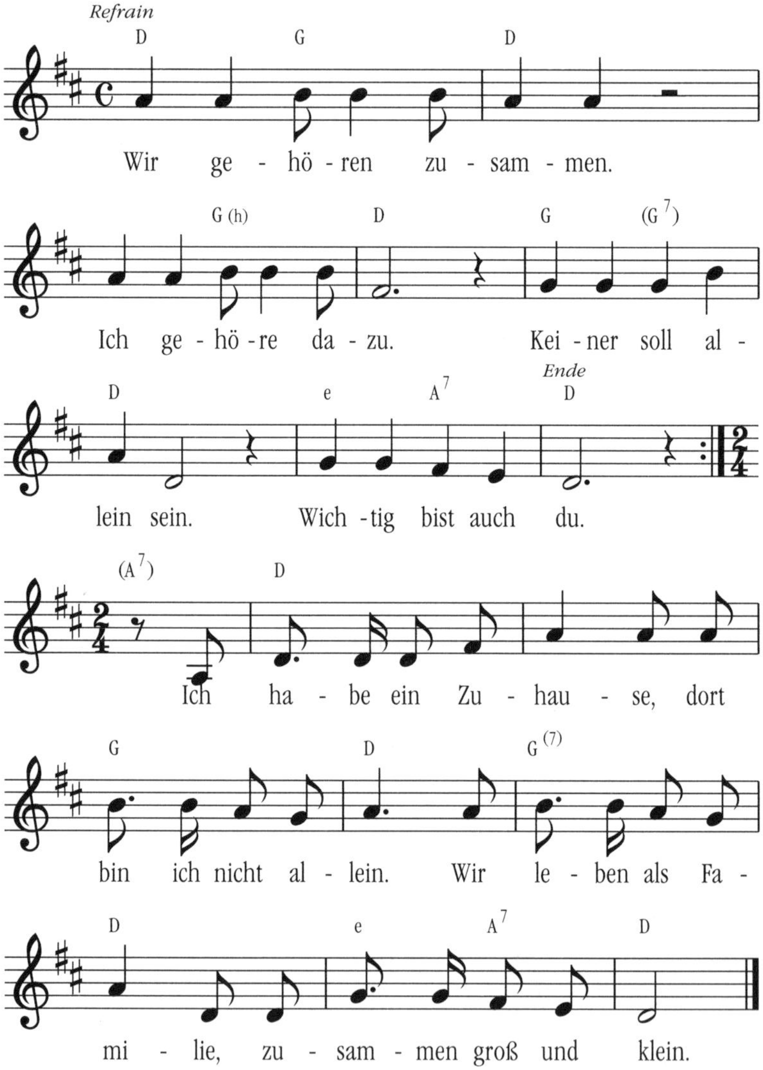
Refrain
D G D
Wir ge - hö - ren zu - sam - men.
G (h) D G (G7)
Ich ge - hö - re da - zu. Kei - ner soll al -
Ende
D e A7 D
lein sein. Wich - tig bist auch du.
(A7) D
Ich ha - be ein Zu - hau - se, dort
G D G(7)
bin ich nicht al - lein. Wir le - ben als Fa -
D e A7 D
mi - lie, zu - sam - men groß und klein.

Text und Melodie: Eberhard Laue

Ich will in meiner Gruppe
kein Außenseiter sein.
Wir stehen für die Schwachen
doch immer wieder ein.

Ja, Gott ist unser Vater,
und du bist ja sein Kind.
Ja, er bringt uns zusammen,
damit wir Brüder sind.

Kanon zum Familiengottesdienst

Text: K. Roser, Melodie: Detlev Jöcker
Aus: „Licht auf meinem Weg, Menschenkinder Musikverlag

1. Das wünsch ich sehr, – Hände offen nach vorne halten. *Bewegungen*
2. daß immer einer bei – Alle geben sich die Hände.
   mir (dir) wär,
3. der lacht und spricht: – Alle nicken einander freundlich
   zu.
4. Fürchte dich nicht! – Alle heben die Arme und lassen
   die Hände los.

Komm nur herein – Spielvorschlag zu einer Adventsfeier

Miteinander feiern, anderen Freude bereiten – unter diesem Aspekt könnte mit dem folgenden Spiel (nach dem ukrainischen Märchen „Der Handschuh", Seite 86) Menschen im Altenheim Freude bereitet werden. Und das nicht nur zur Adventszeit.

Zum Thema „Ich lade dich ganz herzlich ein" könnte es als Überraschungsspiel einen „Oma-Opa-Nachmittag" bereichern. Da die Tiere nur kurze Sätze sprechen, können schon Kindergartenkinder gut in die Rolle eines Tieres schlüpfen.

Es macht den Kindern sicherlich Freude, wenn die Erwachsenen gemeinsam den Handschuh darstellen. Dies könnte folgendermaßen geschehen: Die Eltern fassen sich an und bilden einen Kreis. Dann knien sie nieder und bedecken sich mit einem großen Tuch. Welches Kind schlüpft da nicht gerne hinein und fühlt sich geborgen?

Spieltext	Erzählerin:	Ein alter Mann geht mit seinem Hund spazieren. Unterwegs muß er seine Nase schneuzen. Aus seiner Manteltasche zieht er ein Taschentuch heraus. Dabei verliert er unbemerkt einen Handschuh. Da kommt ein Mäuschen herbeigelaufen und freut sich.
	Maus:	Hier will ich wohnen!
	Erzählerin:	Ein Frosch kommt angesprungen und fragt:
	Frosch:	Wer ist in dem Handschuh?
	Maus:	Das Knabbermäuschen! Und wer bist du?
	Frosch:	Das Quakfröschlein! Läßt du mich ein?
	Maus:	Komm nur herein!
	Erzählerin:	Ein Häschen hoppelt heran und fragt:
	Hase:	Wer ist in dem Handschuh?
	Maus:	Das Knabbermäuschen!
	Frosch:	Und das Quakfröschlein! Und wer bist du?
	Hase:	Das Hoppelhäschen! Laßt ihr mich auch hinein?
	Maus + Frosch:	Komm nur, es ist noch Platz für dich!
	Erzählerin:	Nun waren sie zu dritt. Ein Füchslein trabte flink herbei. Es witterte vorsichtig und fragte:
	Fuchs:	Wer ist in dem Handschuh drin?
	Maus:	Das Knabbermäuschen!
	Frosch:	Das Quakfröschlein!

Hase:	Das Hoppelhäschen! Und wer bist du?
Fuchs:	Das Füchslein! Bitte, laßt mich auch hinein!
Maus, Frosch und Hase:	Ja, komm nur herein.
Erzählerin:	Vier saßen jetzt darin. Nun schlich der Wolf herbei.
Wolf:	Wer ist in dem Handschuh?
Maus:	Das Knabbermäuschen!
Frosch:	Das Quakfröschlein!
Hase:	Das Hoppelhäschen!
Fuchs:	Das Füchslein! Und wer bist du?
Wolf:	Das Wölflein! Laßt mich auch hinein!
Alle Tiere:	Komm nur!
Erzählerin:	Jetzt waren sie fünf. Auf einmal grunzte es: Ch, ch. Und ein Wildschwein fragt:
Schwein:	Wer ist in dem Handschuh?
Maus:	Das Knabbermäuschen!
Frosch:	Das Quakfröschlein!
Hase:	Das Hoppelhäschen!
Fuchs:	Das Füchslein!

Wolf:	Das Wölflein! Und wer bist du?
Schwein:	Ich bin das Wildschwein mit den großen Zähnen. Laßt mich auch hinein!
Alle Tiere:	Es ist ja kaum noch Platz!
Schwein:	Ich finde schon Platz, laßt mich nur hinein!
Alle Tiere:	Also komm!
Erzählerin:	Das Wildschwein kroch hinein, und nun waren sechs im Handschuh drin. Es war wirklich eng. Plötzlich raschelte es im Gebüsch. Der Bär tappte heraus und fragte:
Bär:	Wer ist darin?
Maus:	Das Knabbermäuschen!
Frosch:	Das Quakfröschlein!
Hase:	Das Hoppelhäschen!
Fuchs:	Das Füchslein!
Wolf:	Das Wölflein!
Schwein:	Das Wildschwein mit den großen Zähnen! Und wer bist du?
Bär:	Ich bin der Bär, laßt mich auch noch rein!
Alle Tiere:	Es ist zu eng! Wo sollen wir dich denn unterbringen?
Bär:	Irgendwie wird's schon gehen!
Alle Tiere:	Na komm!
Maus:	Aber bleib schön am Rande, sonst erdrückst du mich!
Erzählerin:	Der Bär drängte sich hinein, und nun waren sie sieben. Es war so voll, daß der Handschuh fast platzte. Inzwischen hatte der Großvater gemerkt, daß sein Handschuh verschwunden war. Er sagte zu seinem Hund:
Großvater:	Wir müssen umkehren, und den Handschuh suchen.
Erzählerin:	Sie gingen zurück, und der Hund lief ein Stück voraus. Da entdeckte er den Handschuh und bellte laut:
Hund:	Wauwauwauwau!
Erzählerin:	Da bekamen die Tiere einen großen Schreck und stürzten aus dem Handschuh heraus. Der Hund staunte nicht schlecht. Dann packte er den Handschuh und brachte ihn dem Großvater. Der freute sich sehr, und zog ihn schnell über seine kalte Hand.

Zum Vorlesen

Solche Häuser und andere Häuser

Eva, Usch und Daniel gehen die Straße entlang und klingeln an den Häusern.

„Guten Tag", sagen sie zu Herrn Max. „Dürfen wir reinkommen?"

„Was? Ihr? Jetzt?" ruft Herr Max und schlägt die Tür zu. „Unverschämtheit! In meinem Haus will ich meine Ruhe haben!"

Eva, Usch und Daniel klingeln bei Frau Else.

„Dürfen wir reinkommen?" fragen sie

„Ihr? Jetzt?" sagt Frau Else. „Das paßt mir gar nicht. Gerade eben habe ich frisch geputzt und aufgeräumt. Ihr würdet nur wieder Schmutz und Unordnung machen!"

Eva, Usch und Daniel klingeln bei Herrn Walter:

„Dürfen wir reinkommen?"

Herr Walter steht auf der Leiter und streicht die Wand.

„Jetzt? Tut mir leid!" sagt er. „Ihr seht ja, daß ich arbeite. An einem Haus gibt es immer Arbeit. Ich habe keine Zeit, mit euch zu spielen."

Eva, Usch und Daniel klingeln bei Frau Rosa. Frau Rosa breitet die Arme aus und ruft:

„Ihr kommt gerade im richtigen Augenblick. Ich habe einen Kuchen gebacken. Es ist ein bißchen Durcheinander in der Küche, aber wir werden's uns schon gemütlich machen."

Sie öffnet die Tür weit, ganz weit, und sagt: „Herzlich willkommen!"

Renate Schupp

Der Handschuh

Ein alter Mann ging mit seinem Hund durch den Wald und verlor einen Handschuh. Da lief ein Mäuschen herbei und freute sich: „Hier will ich wohnen."

Ein Frosch kam angesprungen und fragte: „Wer ist in dem Handschuh?"

„Das Knabbermäuschen. Und wer bist du?"

„Das Quakfröschlein. Laß mich auch hinein."

„Komm doch zu mir!"

Ein Häschen hoppelte heran und fragte: „Wer ist in dem Handschuh?"

„Das Knabbermäuschen und das Quakfröschlein, und wer bist du?"

„Das Hoppelhäschen. Laßt mich auch hinein."

„Komm, es ist noch Platz."

Nun waren sie zu dritt. Eine Füchsin trabte flink herbei. Sie witterte vorsichtig und fragte: „Wer ist in dem Handschuh?"

„Das Knabbermäuschen, das Quakfröschlein und das Hoppelhäschen, und wer bist du?"

„Das Füchslein. Laßt mich auch hinein."

Vier saßen darin. Nun schlich der Wolf herbei und fragte: „Wer ist in dem Handschuh?"

„Das Knabbermäuschen, das Quakfröschlein, das Hoppelhäschen und das Füchslein, und wer bist du?"

„Das Wölflein. Laßt mich auch hinein."

„Komm nur."

Jetzt waren sie fünf.

Auf einmal grunzte es: „Ch, ch, wer ist in dem Handschuh?"

„Das Knabbermäuschen, das Quakfröschlein, das Hoppelhäschen, das Füchslein und das Wölflein, und wer bist du?"

„Ich bin das Wildschwein mit den großen Zähnen. Laßt mich auch hinein."

„Jeder, der vorbeikommt, will in den Handschuh. Es ist ja kaum noch Platz."

„Ich finde schon Platz, laßt mich nur hinein."

„Also komm."

Das Wildschwein kroch hinein, und nun waren sechs im Handschuh. Es war wirklich schon eng. Plötzlich raschelte es im Gebüsch, der Bär tappte heraus und fragte: „Wer ist in dem Handschuh?"

„Das Knabbermäuschen, das Quakfröschlein, das Hoppel-

häschen, das Füchslein, das Wölflein und das Wildschwein mit den großen Zähnen. Und wer bist du?"

„Ich bin der Bär. Laßt mich auch hinein."

„Es ist zu eng. Wo sollen wir dich denn unterbringen?"

„Irgendwie wird's schon gehen."

„Na komm, aber bleib schön am Rande." Der Bär drängte sich hinein, und nun waren sie sieben. Es war so voll, daß der Handschuh beinahe geplatzt wäre.

Inzwischen hatte der Großvater gemerkt, daß der Handschuh fort war. Er ging zurück, um ihn zu suchen. Der Hund lief ihm voraus und sah den Handschuh. Er bellte laut: „Wauwauwau!" Da bekamen die Tiere einen Schreck, stürzten heraus und rannten in den tiefen dunklen Wald. Der Hund packte den Handschuh und brachte ihn dem Alten.

Ukrainisches Märchen

Die Weihnachtswurzel (für Erwachsene)

Es waren einmal zwei arme Menschenkinder, ein Junge und ein Mädchen. Sie hatten in ihrem Leben alles verloren, sogar Mutter und Vater. Da sie gar niemanden hatten, der für sie sorgte, sagte der Junge zu seiner Schwester: „Schwester, damit wir nicht auch noch unser Leben verlieren, laß uns in die Welt gehen und Menschen finden, mit denen wir leben können."

Der Weg durch die Welt war ein kalter und herzloser Weg. Sie kamen vorbei an verschlossenen Türen und versteinerten Herzen. Da sagte das Mädchen zum Bruder: „Damit wir nicht unser Leben verlieren, laß uns in den Wald gehen und dort für uns selber sorgen."

Sie gingen in den Wald und lernten in der Tiefe des Waldes, für sich selbst zu sorgen. Sie lebten von Beeren, Blättern und Wurzeln und hatten die Bäume und Tiere des Waldes zu Freunden.

Bald vergaßen sie die Welt, und sie hatten keine Angst mehr, ihr Leben zu verlieren. Da hatte das Mädchen einen Traum: „Mir träumte, daß es in der Tiefe des Waldes eine Wurzel gäbe, die alle Türen der Welt öffnen kann."

Von nun an betrachteten sie die Wurzeln des Waldes besonders sorgfältig. So fanden sie bald eine Wurzel, die wie ein Schlüssel gewachsen war. Sie nahmen die Wurzel mit und machten sich

auf den Weg in die Welt. Schon als sie der ersten Tür begegneten, sprang diese auf.

Genauso ging es allen Türen, an denen sie vorbeikamen. Sogar die Riegel und Schlösser der königlichen Schatzkammer sprangen auf. Da lagen sie nun, die Schätze der Welt!

Der Junge sagte: „Von nun an brauchen wir keine Not mehr zu erleiden. Laß uns soviel mitnehmen, wie wir tragen können."

Doch das Mädchen schüttelte den Kopf und sagte: „Rühr nichts an! Laß uns in den Wald zurückkehren, damit wir das Leben nicht verlieren!"

So gingen sie vorbei an den offenen Türen zurück in den Wald. Die Schlüsselwurzel aber versenkten sie in der Tiefe des Flusses.

Nach einiger Zeit hatte das Mädchen wieder einen Traum: „Mir träumte, daß es in der Tiefe des Waldes eine Wurzel gäbe, die die Herzen der Menschen öffnen kann."

Von nun an achteten sie ganz besonders auf die Wurzeln des Waldes. So fanden sie eines Tages eine Wurzel, die zugleich tot und lebendig aussah.

Voller Ehrfurcht vor der Ewigkeit dieser Wurzel hoben sie sie auf und gingen sogleich behutsam in die Welt.

Sobald sie dem ersten Menschen begegneten, spürten sie die geheimnisvolle Kraft, die von ihrer Wurzel ausging. Als sie dem Menschen begegneten, sahen sie, wie sich sein hartes und kaltes Gesicht in ein warmes und liebevolles Gesicht verwandelte. Es war so, als ob die Welt anfing, für sie ein Zuhause zu werden. Und beide wußten, so wie dieser Mensch ihnen mit offenem Herzen begegnet war, so würden sie von nun an allen Menschen begegnen können.

Sie gingen weiter in die Welt und hatten große Freude daran, die Menschen zu verwandeln. Für manche Menschen, denen sie begegneten, war es eine große Verwandlung, für andere war es nur noch ein kleiner Schitt.

Seitdem haben die beiden Menschenkinder diese Welt nicht mehr verlassen. Mit ihrer Wurzel haben sie schon viele Herzen geöffnet. Vielleicht bist auch du ihnen schon einmal begegnet?

Werner Böse
Aus: Die Weihnachtswurzel. Herausgegeben von Rolf Krenzer, Lahn-Verlag, Limburg

Wenn wir uns auf den Weg machen

Ideenbörse

Bezug zur Weihnachtsgeschichte

* Mit Maria und Josef unterwegs
* Mit den Sterndeutern unterwegs

Zum Vorlesen

* Die Flucht S. 118

Früher–Heute

* Fortbewegungsmöglichkeiten früher–heute
* Zeit, Geschwindigkeit

Gesprächsthemen

* bekannte/unbekannte Wege gehen
* ein Ziel haben
* Umwege, Hindernisse

Wir hören auf das Leise

* Wir warten auf Weihnachten S. 98

Spielszenen

* Wir gehen zur Krippe S. 102
* Wo ist Bethlehem? S. 106

Rhythmisch-musikalische Übungen

* gehen, laufen
  (Zeit/keine Zeit haben)
* schleichen/hüpfen
  (Tiere nachahmen)
* stolpern, hinfallen
* Angst haben (rennen)

Lieder

* Kommt,
  ihr Hirten S. 105
* Halte zu mir S. 101
* Ich will auf das Leise
  hören S. 98

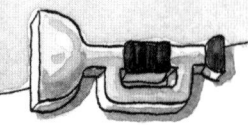

Gemeinsam feiern

* Elternabend S. 112
* Adventsfeier S. 102
* Gottesdienst S. 106

Bilderbücher

* zum Thema „Weg"
  (Bibliothek, Buchhandlung)

Malen

* Erlebnisbilder

Basteln

* Weihnachtskrippe
* Wandfries „Weg"

Beten und sich Kraft holen

„Stock und Hut stehn ihm gut, Hans ist wohlgemut..." Wir alle kennen diese Zeilen aus dem alten Kinderlied „Hänschenklein". In diesem schlichten Lied vom Aufbrechen ins Leben steckt viel Weisheit. Wer noch alle Strophen von „Hänschenklein" gelernt hat, der weiß: Hier wird vom nötigen Zurücklassen des Vertrauten erzählt, aber auch schließlich vom reif gewordenen, gewandelten Menschen, der nach sieben Jahren zurückkehrt.

Für uns alle und für das hier besungene Kind gilt: Man geht nicht ungewappnet hinaus ins Leben. Was uns in unbekannter Zukunft und auf dem Weg ins Ungewisse Schutz und Halt geben kann, was uns stärkt und behütet, das haben wir in Kindertagen kennengelernt und erfahren. Im Lied wird das, symbolisch verdichtet, mit „Stock und Hut" beschrieben. Sichtbares und Unsichtbares sind hier gemeint. Wenn wir aufbrechen und einen Abschnitt unseres Lebens bewußt hinter uns lassen, nehmen wir neben nützlichen Dingen (dem „Allernötigsten"), neben kleinen Erinnerungsgegenständen auch viel Unsichtbares mit, das in fremder Umgebung Sicherheit geben und stärken kann: Worte, Ratschläge von Menschen, die es gut mit uns meinen, vielleicht aber auch Geschichten, Lieder, Gebetsverse.

Das Nötigste an sichtbaren Dingen, so wird uns erzählt, nehmen Maria und Josef mit nach Bethlehem, auch ein Bündel mit Windeln und Tüchern für das erwartete Kind. Mit auf die Reise nehmen beide aber auch die vertrauten Lieder des Glaubens und seit Kindertagen gelernte Psalmverse. Sie nehmen ihr Vertrauen zum unsichtbaren Gott mit, der versprochen hat, ihnen nahe zu sein. Noch ahnen beide nicht, daß es ein mühseliger, gefahrvoller Weg werden soll. Schließlich gelangen sie als Flüchtlinge nach Ägypten. Aber das Psalmwort „Von allen Seiten umgibst du mich und hältst deine Hand über mir", das tragen sie im Herzen mit sich. Dieser Vers aus dem Psalm 91 kann auch uns auf vielen Wegen begleiten.

Wege nach Bethlehem, Landschaften mit Bergen und Tälern als „Weihnachtswege" von Maria, Josef und ihrem Esel haben wir in den Kindergärten immer wieder gestaltet. Vierundzwanzig kleine Steine markierten kleine Wegabschnitte und für uns die Kalendertage bis Weihnachten. Jeden Tag rückten die Kinder zum Lied „Kommt, wir geh'n nach Bethlehem" die Wandernden ein Stück weiter...

Dabei geschah es einmal, daß die Figur der Maria, die in etwas

gebückter Haltung geknetet war, vom Esel herunterfiel. Am Wegrand lag sie, das Gesicht im Moos und mit gebeugtem Rücken. Da hatte ein Junge den Einfall: „Die lassen wir jetzt eine Weile so liegen. Ich weiß nämlich, die betet." Ein anderes Kind fügte hinzu: „Hm, die war schon so müde. Beim Beten kriegt sie nämlich wieder Kraft. Dann können beide besser weiter!"

Mir kommt diese Szene immer wieder in den Sinn, wenn ich in anderen Kindergärten solche Weihnachtswege sehe: Beten und sich Kraft holen für den Weg!

Ich habe aus diesen Gedanken der Kinder gelernt, die eigene Weihnachtserfahrung weniger oberflächlich zu suchen – auf dem Weg hin zum Fest, an den Festtagen selbst und danach. Nutze ich das Geschenk dieses Festes, mich selbst zu fragen, was an Unsichtbarem, an Tragendem und Kraftgebendem mich auf meinem Weg begleitet? Den Zusammenklang von Weihnachten-Feiern und Beten hatte ich lange Zeit aus dem Blick verloren, – aber auch die drei Weisen, die beim Jesus-Kind niederknien, wie es bei Matthäus 2, Vers 1–12 erzählt wird, laden mich, laden uns ein, mitzubeten.

Wolfgang Longardt

Was die anderen erzählen

Aus einer Wurzel zart

Eine Erzieherin erzählt

Unser Kindergarten liegt nur einige hundert Meter vom Wald entfernt. Diese Nähe zum Wald bringt es mit sich, daß wir die Natur und die Bewahrung der Schöpfung in unsere pädagogischen Überlegungen einbeziehen.

Wir gehen mit unseren Kindern häufig auf „Entdeckungsreise"! Das Lied von Wolfgang Longardt „Gib uns Augen, gib uns Augen, daß wir staunend seh'n, wie ganz leis' Verwandlungen, Verwandlungen gescheh'n" gibt uns immer wieder Anlaß, über Veränderungen im Kreislauf des Jahres zu staunen.

Im Frühjahr beobachten wir das langsame Aufbrechen der vielen verschiedenartigen Knospen. An einem warmen Maientag entdeckten die Kinder an einem anscheinend vertrockneten, abgestorbenen Baum einen kleinen grünen Zweig. Es war für uns alle wie ein Wunder. Nun schleppten wir einige Tage lang eine Gießkanne voll Wasser in den Wald, bis der Regen uns diese Arbeit abnahm.

Im Herbst sammelten wir Eicheln, Bucheckern und bunte Blätter. Es ist erstaunlich, daß auch wilde Kinder oft still vor einem Hirschkäfer oder einem kribbligen Ameisenhaufen verharren und alles in sich aufnehmen. Die Kinder erforschen ihre Umgebung mit viel wacheren Augen als ich und nehmen Dinge wahr, die ich übersehe.

Manchmal stimmt ein Kind aus irgendeiner Situation heraus unser Lieblingslied an: „Gib uns Augen..." Dieses Lied ist für die Kinder mehr als nur ein gedankenlos dahingesungenes Lied. Es

ist der Ausdruck der Stimmung der Kinder und ihrer Gefühle. Für mich ist es wie ein gesungenes Gebet.

Weil wir von unseren Entdeckungsreisen selten mit leeren Händen zurückkehren, habe ich im Kindergarten einen Tisch aufgestellt. Darauf legen wir unsere „Fundstücke". Hier haben unsere „Schätze" einen Platz, und die Kinder können sie immer wieder anschauen. Der neue Tisch wurde von den Kindern freudig angenommen. Er hat viele Namen: „Sammeltisch", „Schatzkammer", „Fundbüro" und „Tisch zum Staunen".

Im letzten Herbst schleppten die Kinder eine Wurzel an. Mit strahlenden Augen erklärten sie: „Guck mal, sie sieht aus wie eine Höhle!" Diese Äußerung der Kinder brachte mich auf eine Idee: Zu Beginn der Adventszeit sammelten wir im Wald alle möglichen Naturmaterialien und ließen daraus ein Krippenbild entstehen. Die Wurzel war der Stall. Rund um den Stall bauten wir die Krippenszene auf mit Büschen und Bäumen, Tieren und Menschen. Der Phantasie waren keine Grenzen gesetzt.

Während wir unsere Krippe immer weiter vervollständigten, führten wir intensive Gespräche. Ganz von selbst wurde dabei für die Kinder die Weihnachtsgeschichte lebendig und gegenwärtig. Ich beobachtete immer wieder, daß einzelne Kinder mit der Krippe spielten und sich dabei gegenseitig die Weihnachtsgeschichte erzählten.

Bis zum letzten Tag vor Weihnachten ergänzten die Kinder unsere Krippe um immer neue phantasievolle Details. Ich kann sagen, daß in dieser Adventszeit die Weihnachtsgeschichte bei uns wirklich im Mittelpunkt stand.

Auf dem Weg nach Bethlehem

*Eine Kinder-
gartenleiterin
berichtet*

Unser Anliegen, die Kinder schrittweise an die Weihnachtsbot-
schaft heranzuführen, und ihnen viel Zeit zur Verarbeitung zu
geben, brachten wir im vergangenen Jahr durch eine Wegthe-
matik zum Ausdruck. Wir gingen folgendermaßen vor: Einen
Tag vor dem ersten Advent hängten wir an die Wand unseres
Gruppenraumes ein Wandfries in Form eines Weges auf. Dieser
Weg sollte uns durch die Adventszeit führen. Auf ihm sollten die
Erlebnisse der Adventszeit „Spuren" hinterlassen.

Am Montag nach dem ersten Advent schnitten wir gemeinsam
aus Papier die Umrisse unserer Füße aus und klebten sie auf
den Weg als äußeres Zeichen, daß wir uns auf den Weg bege-
ben. Die Kinder achteten streng darauf, daß auch wirklich alle
Füße drauf waren und merkten sich genau ihren eigenen. Dann
klebten wir an den Anfang des Weges die erste Kerze. „Sie soll
uns leuchten!" rief spontan ein Kind.

Von Tag zu Tag wurde unser Weg bunter und lebendiger. Viele
Bilder und gebastelte Motive schmückten ihn. Die Kinder
bestanden darauf, daß auch ihr Lieblingslied auf den Weg
geklebt wurde. Der Funke unserer eifrigen „Wegarbeit" sprang
auch auf einige Mütter über. Begeistert schnitten sie ihre Fußspuren aus, beschrifteten sie mit Hoffnungswünschen oder per-

sönlichen Dankesworten und klebten sie auf unseren Weg nach
Bethlehem.

Im Laufe der Adventswochen standen immer wieder Kinder vor
dem Weg und unterhielten sich. An einige Äußerungen erinnere ich mich noch gut, weil sie zeigten, wie lebendig für die Kinder unser „Weg nach Bethlehem" war:

– Guck mal, mein Stern steht ganz hoch am Himmel!
– Mein Schaf läuft ganz schnell, es will zuerst im Stall beim Jesus-
    kind sein.
– Morgen soll meine Mama ihre Füße auch ausschneiden und
    aufkleben, ganz dicht bei meinen Füßen.
– Eben habe ich meine Glocke gehört. Ganz hell hat sie geläutet.
– Darf ich da vorn vor dem Stall eine Kerze hinkleben, damit die
    Maria das Kind auch richtig sieht?
– Bald ist der Weg vollgeklebt, dann ist Weihnachten.

In den letzten Adventswochen bastelten wir mit den Kindern
ein Krippenbild, das wie ein Ziel den Abschluß unseres Weges
anzeigte. Dieser zog sich nun mit seinen Fußspuren und Kerzen, mit Engeln, Glocken, Tannenbäumen und Schafen bis hin
zur Krippe. Die „Begehung des Weges" bereitete den Kindern
und uns gleichermaßen Freude. Ich denke, daß das Erlebnis dieser Adventszeit auch noch über Weihnachten hinaus in den
Herzen der Kinder Spuren hinterlassen hat.

Wir hören auf das Leise

Wir warten auf Weihnachten

In vielen Kindergärten wird die Adventswoche jeweils montags mit einer besinnlichen Viertelstunde eingeleitet, die stets in gleicher Weise abläuft. Das hilft den Kindern, sich zu sammeln und zu innerer Ruhe zu gelangen. Durch die Wiederholung nehmen sie die gesprochenen und gesungenen Worte intensiver auf und verarbeiten sie besser.

Im folgenden Vorschlag spricht die Erzieherin in ihrem Gebet nicht „von" den Kindern, sondern sie benutzt die Worte „wir" und „uns". Indem sie dieses tut, stellt sie sich selbst mitten hinein und vermittelt den Kindern, daß auch sie Gott um Hilfe bittet.

Montag nach dem 1. Advent Ein Kind zündet die erste Adventskerze an und äußert einen Wunsch (z. B. „Ich wünsche mir, daß meine Oma wieder gesund wird!").

Lied: „Ich will auf das Leise hören"

Wolfgang Longardt

Erzieherin: Wir haben das erste Adventslicht angezündet. Nun
wollen wir miteinander durch diesen Tag und
durch die Adventszeit gehen. Wir wollen zusammen spielen, singen und auch Geschichten hören.
Guter Gott, wohin wir auch gehen, wir bitten dich,
sei unter uns. Tröste uns, wenn wir traurig sind.
Freue dich mit uns, wenn wir fröhlich sind.

Lied: „Halte zu mir guter Gott" (Seite 101).

Zwei Kinder zünden Kerzen an und äußern jeweils einen
Wunsch.

*Montag nach
dem 2. Advent*

Lied: „Ich will auf das Leise hören"

Erzieherin: Nun sind wir alle wieder beisammen. Guter Gott,
wir danken dir, weil du uns auf dem Weg zum Kindergarten beschützt hast. Wir bitten dich, begleite
uns durch diesen Tag und führe uns wie ein guter
Hirte auf dem rechten Weg wieder nach Hause.

Lied: „Halte zu mir guter Gott"

99

Drei Kinder zünden jeweils eine Kerze an und äußern einen Wunsch. Jedes Kind denkt sich im stillen einen Wunsch aus.

Lied: „Ich will auf das Leise hören"

Erzieherin: Nun beginnt eine neue Woche. Ich wünsche mir, daß wir miteinander viel Freude haben und gut miteinander auskommen. Es ist nicht immer leicht, den anderen zu verstehen. Manchmal gibt es Streit. Guter Gott, wir bitten dich, zeig uns wie man verzeiht und führe uns auf den Weg zum Frieden.

Lied: „Halte zu mir guter Gott"

Vier Kinder zünden jeweils eine Kerze an und äußern einen Wunsch. Die übrigen Kinder denken still an ihre eigenen Wünsche.

Lied: „Ich will auf das Leise hören"

Erzieherin: Heute haben wir das vierte Adventslicht angezündet. Die Kerzen leuchten hell und warm. Der Weg zum Weihnachtsfest ist nun nicht mehr weit. Guter Gott, wir bitten dich, sei in unserer Nähe, wenn wir einsam sind, und hilf uns, daß wir Freunde finden. So kann es auch in uns hell und warm werden.

Lied: „Halte zu mir guter Gott"

Halte zu mir guter Gott, heut den ganzen Tag. Halt die Hände über mich. was auch kom-men mag. Halte zu mir guter Gott heut den ganzen Tag. Halt die Hände über mich, was auch kom-men mag.

Du bist jederzeit bei mir.
Wo ich geh' und steh'
spür' ich, wenn ich leise bin,
Dich in meiner Näh'.
Halte zu mir, guter Gott, ...

Gibt es Ärger oder Streit
und noch mehr Verdruß,
weiß ich doch, Du bist nicht weit
wenn ich weinen muß.
Halte zu mir, guter Gott, ...

Meine Freude, meinen Dank,
alles sag' ich Dir.
Du hältst zu mir, guter Gott,
spür' ich tief in mir.
Halte zu mir, guter Gott. ...

Text: Rolf Krenzer, Melodie: Ludger Edelkötter, aus LP + MC „Halte zu mir heute, guter Gott"
Alle Rechte beim: impulse-musik-verlag, Natorp 2, Drensteinfurt

Gemeinsam feiern

Wir gehen zur Krippe – Spielszene für eine Adventsfeier

Dieses Krippenspiel können Erwachsene und Kinder zusammen spielen.

Wir brauchen   Maria, Josef, 3 Frauen, 3 Hirten, 2 Kinder.

Vorspiel   Eine Weihnachtsmelodie

1. Szene   *Auf dem Marktplatz von Bethlehem stehen einige Nachbarn beieinander und diskutieren.*

1. Frau: Hast du ihn auch gesehen?

2. Frau: Ich habe niemanden gesehen. Wir haben unsere Türen verrammelt und nicht mehr geöffnet.

1. Frau: Ach, ich spreche doch nicht von einem Gast. Nein, ich meine den hellen Schein, der heute nacht am Himmel war.

3. Frau: Ja, richtig, den Stern! Den hab' ich auch gesehen. Aber ich war so müde. Wir hatten das Haus voller Gäste, und sie wollten alle versorgt werden.

2. Frau: *Sieht von einer Seite zur anderen. Dann schaut sie zum Himmel.*
Was ist mit dem Stern? Wird er heute nacht wieder erscheinen?
Noch während die Frauen leise miteinander sprechen, nähern sich drei Hirten. Sie unterhalten sich.

1. Hirt: Ich blas' dem Kind auf meiner Flöte ein Lied. Hört einmal zu! So wird es klingen.
Die Hirten bleiben in der Nähe der Frauen stehen. Der 1. Hirt flötet eine Hirtenmelodie. Der 3. Hirt hält eine Laterne in der Hand.

2. Hirt: Deine Melodie klingt gut, wie ein Wiegenlied. Das Kind wird sich freuen. Und die Mutter auch.

3. Frau: Welches Kind wird sich freuen?

3. Hirt: Das Jesuskind! Heute nacht ist es geboren.

1. Hirt: In einem Stall auf Heu und Stroh.
Neugierig kommen die Frauen zu den Hirten heran.

1. Frau: Woher wißt ihr das alles so genau?

2. Hirt:	Ein Engel brachte uns die Botschaft!
3. Hirt:	Und wir haben seinen Stern gesehen!
2. Hirt:	Seht, diese warme Decke bringe ich dem Kind. Die Wolle stammt von meinem Lieblingslamm.
1. Hirt:	Doch nun lebt wohl, wir wollen geh'n.
	Während der Unterhaltung sind zwei Kinder dazuge-kommen. Sie hören erstaunt zu.
Kinder:	Ach bitte, nehmt uns mit!
1. Kind:	*Zieht aus seiner Jackentasche ein Fladenbrot.*
	Ich bring' ihm ein Brot, denn es wird Hunger haben.
2. Kind:	Und ich einen Apfel! Der ist saftig und süß.
2. Hirt:	Über das Brot und den Apfel wird die Mutter sich freu-en. Na, kommt nur mit!
	Die Hirten und die Kinder gehen los. Der 1. Hirt flötet ein bekanntes Weihnachtslied. Die Hirten summen dazu und die Kinder singen.
1. Frau:	Die Hirten kennen den Weg. Ich lauf' hinterher. Kommt ihr auch mit?
2. und	
3. Frau:	*Die beiden Frauen schütteln die Köpfe und gehen nach Hause.*
	Ein Kind auf Heu und Stroh. – Das können wir nicht glauben.
	Die Hirten, die Kinder und die 1. Frau verschwinden hinter einem Vorhang oder einer Tür. Eine Kinder-gruppe stellt sich auf und singt das Lied „Nahe bei den Tieren", Seite 105, wenn möglich mit Instrumental-begleitung.

Ein Vorhang öffnet sich. Über einem angedeuteten Stall er-scheint ein Stern. Maria und Josef und die Krippe werden sicht-bar. Die Hirten, die Kinder und die 1. Frau nähern sich dem Stall. Im Hintergrund singt die Kindergruppe das Lied „Kommt, ihr Hirten, kommt und lacht", Seite 105.   **2. Szene**

1. Hirt:	Seht den hellen Stern!
	Die Spieler gehen schneller. Die Kinder laufen zum Stall. Dort angekommen drehen sie sich um und win-ken die anderen herbei.
1. Kind:	Kommt schneller, hier sind wir richtig!
	Die Hirten und die Frau schauen zur Krippe.
Josef:	Seid herzlich willkommen!

Maria:	Kommt nur näher heran!
	Die Hirten knien nieder und beten.
2. Kind:	*Geht zu Maria und zeigt auf das Kind in der Krippe.*
	Das Baby sieht aus wie mein kleiner Bruder.
1. Hirt:	*Flötet eine Melodie.*
2. Hirt:	*Legt seine Decke auf die Krippe.*
	Ich deck' dich warm zu. Dann schläfst du gut.
3. Hirt:	*Stellt seine Laterne neben die Krippe.*
	Ich schenke dir mein Licht.
1. Frau:	*Geht zu Maria und hängt ihr ein Schultertuch um.*
	Ich schenke dir mein Schultertuch. Es soll dich wärmen und für dein Kind ein Wiegentuch sein.
1. Kind:	*Steht an der Krippe und beobachtet das Kind. Dann geht es zu Josef.*
	Dein Kind hat ja noch keine Zähne, auch nicht einen einzigen. Darum schenke ich dir mein Fladenbrot.
2. Kind:	Und ich meinen Apfel.
Josef:	Ich danke euch. Ich teile es mit Maria.
1. Frau:	Laßt uns nun wieder geh'n. Das Kind wird sonst wach.
Maria:	Wir danken euch für den Besuch. Doch eine Bitte habe ich noch. Die Melodie hat mir so gut gefallen. Ich möchte sie so gerne noch einmal hören.
1. Hirt:	Gern erfüll' ich dir diesen Wunsch.
	Der Hirt flötet zum Abschied. Dann winken alle und gehen davon. Auch Maria und Josef winken. – Während die Spieler heimwärts ziehen, singt die Kindergruppe noch einmal das Lied „Nahe bei den Tieren".

Kommt ihr Hir - ten, kommt und lacht,

tag-hell wird jetzt eu-re Nacht: Je-sus ist ge-bo-ren!

Kommt, ihr Nachbarn, kommt und lacht!
Mit dem Streit wird Schluß gemacht:
Jesus ist geboren.

Kommt, ihr Kinder, kommt und lacht!
Gott hat auch an euch gedacht:
Jesus ist geboren!

Kommt, ihr Eltern, kommt und lacht!
Gott hat ein Geschenk gebracht:
Jesus ist geboren!

Text und Melodie: Kurt Rommel 1974. © Strube-Verlag München/Berlin

Na-he bei den Tie-ren, still und kaum er-kannt,

ward ein Kind ge-bo-ren, das uns Gott ge-sandt.

Nahe bei den Ärmsten,
unter'm Sternenlicht,
ward ein Kind geboren,
viele sah'n es nicht.

Nahe bei den Tieren,
still und kaum erkannt,
ward ein Kind geboren,
das uns Gott gesandt.

Text und Melodie: Wolfgang Longardt,
aus: Wenn Finsternis vom Licht erhellt, Gütersloher Verlagshaus

105

Wo ist Bethlehem?
Spielszene für einen Familiengottesdienst

Dieses Spiel ist nach dem Buch „Nele geht nach Bethlehem" von Rudolf Otto Wiemer gestaltet. Es eignet sich für Erwachsene und ältere Kinder. Die 5 Szenen können – mit kleinen Änderungen im Text der Erzählerin – auch separat gespielt werden.

Wir brauchen   Eine Erzählerin, Lisa, Tom, die Mutter, Frau Meier, den Bäcker, einen Mann.

1. Szene   *Eine Küche. Am Tisch sitzt eine Frau und knackt Nüsse. Aus dem Radio erklingt Weihnachtsmusik.*

Erzählerin: Es ist kurz vor Weihnachten. Lisas Mutter hat von früh bis spät zu tun. Sie putzt, sie kocht und backt. Nun sitzt sie in der Küche und knackt Nüsse. Da kommt ihre Tochter herein.

Lisa: Mama, wozu brauchst du die vielen Nüsse?

Mutter: Für Nußplätzchen! Übermorgen ist doch Weihnachten.

Lisa: Darf ich dir helfen?

Mutter: Ja, gern.

Lisa nimmt den Nußknacker und müht sich ab.

Lisa: Puh, das geht aber schwer!

Mutter: Na, dann knack' ich weiter.

Lisa: Mama, spielst du mit mir?

Mutter: Aber Kind, du siehst doch, ich hab' noch viel zu tun.

Lisa: *Steht auf und geht zum Fenster. Sie schaut hinaus. Nach einer Weile dreht sie sich um.*

    Mama, wo ist Bethlehem?

Mutter: Du stellst Fragen!

Lisa: Sag, kennst du den Weg dorthin?

Mutter: Hinter Meiers Haus, da beginnt er, der Weg nach Bethlehem.

Lisa: Find' ich dort das Christkind?

Mutter: Na sicher doch, wo denn sonst!

Steht auf und hantiert mit Schüsseln und Tüten. Sie achtet nicht auf Lisa, die hinausgeht.

2. Szene   Erzählerin: In Lisa ist ein Wunsch erwacht. Sie will zum Christkind und ihm eine Freude bringen. Sie eilt ins Kinderzimmer, holt ihren Rucksack, steckt eine Puppe

und ein Puppenkissen hinein. Obendrauf legt sie noch selbstgebastelte Sterne, eine Kerze und einen Engel aus Goldpapier. Dann zieht sie sich warm an und verläßt das Haus. Auf der Straße trifft sie ihren Spielfreund Tom.

Tom: Hallo, Lisa, wo willst du denn noch hin?

Lisa: Nach Bethlehem!

Tom: Was? Dorthin kann man doch gar nicht gehen!

Lisa: Na klar!

Tom: Kennst du den Weg?

Lisa: Ja, hinter Meiers Haus, da beginnt er.

Tom: Du spinnst, da wohnt doch der Bäcker Müller!

Lisa: Aber Mama hat es gesagt.

Tom: Ach, die hat das nicht wirklich gemeint. Mütter sind manchmal so. Bleib lieber hier und spiele mit mir.

Lisa: Erst muß ich dem Christkind was bringen. *Zeigt auf den Rucksack.* Hier ist ein Geschenk drin.

Tom: Du spinnst wirklich. Dem Christkind was bringen! Das hat noch keiner gesagt. Mir kannst du keinen Bären aufbinden. Tschüß!

Lisa: *aufgebracht* Soll das Christkind sich denn nie freuen? *Tom läuft davon und Lisa geht weiter. Eine Kindergruppe singt das Lied „Komm wir geh'n nach Bethlehem".*

Rechts und links auf Pappe aufgemalte Häuser. Vor einem Haus leuchtet eine Straßenlaterne. Lisa geht darauf zu.   3. Szene

Lisa: Dort ist Meiers Haus. Vielleicht kennt Frau Meier den Weg nach Bethlehem.
Bleibt vor dem Haus stehen und klopft.

Frau Meier: Komm nur herein, die Tür ist nicht verschlossen.

Erzählerin: Lisa öffnet die Tür und sieht in einen Raum hinein, der nur durch eine Straßenlaterne spärlich beleuchtet ist. Am Fenster sitzt Frau Meier, sie ist schon alt.

Frau Meier: Komm näher und schließ' die Tür. Draußen ist es kalt!

Lisa: Guten Abend Frau Meier.
Geht zu Frau Meier und gibt ihr die Hand.

Frau Meier: Guten Abend Lisa.

Lisa: Bei dir ist es aber dunkel. Warum schaltest du kein Licht an?

Frau Meier: Mir genügt das Licht der Straßenlaterne.

Lisa:	Warum?
Frau Meier:	Dann kann ich besser sehen, was draußen geschieht, und fühle mich nicht so allein.
Lisa:	Und warum bist du so allein?
Frau Meier:	Wer sollte bei mir sein?
Lisa:	Dein Mann oder deine Kinder.
Frau Meier:	*Seufzt und schweigt einen Augenblick. Dann wickelt sie ihr Schultertuch fester um die Schulter, so als würde sie frieren.*
	Mein Mann ist schon vor vielen Jahren gestorben, und Kinder habe ich keine. *Blickt Nele an.*
	Aber sag, weshalb kommst du zu mir?
Lisa:	Ich will nach Bethlehem und dachte, du kennst vielleicht den Weg dorthin.
Frau Meier:	So, so, nach Bethlehem willst du. Es ist schon spät, geh lieber nach Hause. Deine Mutter wird schon warten.
Lisa:	Die wartet nicht, sie backt Nußplätzchen.
Frau Meier:	Es ist lieb von dir, daß du mich besuchst. Es tut gut, wenn jemand da ist. Aber den Weg nach Bethlehem kenne ich nicht.
Lisa:	*Zieht einen Stern aus Goldfolie aus ihrem Rucksack und reicht ihn Frau Meier.*
	Da, der ist für dich. Ich habe ihn selbst gebastelt. Er leuchtet noch heller als die Straßenlaterne. Und für das Christkind habe ich auch noch einen.
Frau Meier:	Ich danke dir. *Holt eine Kerze und stellt sie in die Fensterbank und zündet sie an.* Nun kann ich den Stern bewundern. Schau, wie er im Kerzenschein funkelt.
Lisa:	*Geht zu Frau Meier und umarmt sie.*
	Jetzt muß ich gehen. Auf Wiedersehen! Du weißt doch, ich will zum Christkind.
Frau Meier:	Kind, verlauf dich nicht!
Lisa:	*Geht zur Tür und winkt Frau Meier zu.*

An dieser Stelle könnte das Spiel beendet sein. Die Kindergruppe könnte mit Instrumentalbegleitung das Lied „Stern von Bethlehem" singen aus „111 Kinderlieder zur Bibel", Verlag Ernst Kaufmann, Lahr.
Im Falle einer Fortsetzung des Spieles sollte eine Weihnachtsmelodie erklingen.

Eine Backstube

Erzählerin: Lisa wandert weiter. Die Straße ist ihr vertraut. Sie atmet tief ein, denn ein leckerer Duft zieht in ihre Nase. Die Tür der Backstube von Bäcker Müller steht offen und helles Licht scheint heraus. Lisa hofft, das Christkind dort drinnen zu treffen. Sie eilt auf das Licht zu und schaut in die Backstube hinein. Auf der Mehlkiste sitzt Herr Müller. In der Hand hält er einen Bogen Schreibpapier. Lisa wundert sich, weil Herr Müller so ganz anders aussieht als sonst. Komisch, denkt Lisa, wenn Mama und ich bei ihm Brötchen kaufen, dann lacht er immer.

Lisa: *Stellt sich neben Herrn Müller. Der tut so, als bemerke er sie nicht.* Ist das ein Brief?

Bäcker: Dumme Frage, was sonst!

Lisa: Wem schreibst du denn?

Bäcker: Wem wohl?

Lisa: Dem Christkind?

Bäcker: Soll das 'n Witz sein? – – Der Brief ist für Anton.

Lisa: Willst du ihn einladen? Soll er dich Weihnachten besuchen?

Bäcker: *Spricht erregt* Nein! Er will kommen, aber ich will nicht. Ich will mit ihm nichts zu tun haben, basta, Schluß damit!

Lisa: Warum denn nicht?

Bäcker: Weil er ein Lump, ein Nichtsnutz, ein Taugenichts ist!

Lisa: Was ist das, ein Nichtsnutz?

Bäcker: Ach, das verstehst du nicht! *Er zerknüllt den Brief und wirft ihn auf den Boden.*

Lisa: *Zeigt auf den Brief.* Warum machst du das?

Bäcker: Weil ich ihn nicht abschicke.

Lisa: Und was hast du ihm geschrieben?

Bäcker: Wenn du es wissen willst, dann lies es doch.

109

Lisa:	*Hebt den Brief auf, glättet das Papier und reicht ihn Herrn Müller.* Ich kann noch nicht lesen. Liest du mir den Brief bitte vor?
Bäcker:	*Reibt seine Brille blank, räuspert sich und liest.* Da steht: Ja, komm nur bald nach Haus! *Dann wendet er sich an Lisa.* Was willst du eigentlich hier?
Lisa:	Das Christkind suchen!
Bäcker:	Und das ausgerechnet bei mir?
Lisa:	Ja!
Bäcker:	*Zieht aus der Schürzentasche einen Umschlag.* Das da, *er tippt auf den Umschlag* ist die Adresse von Anton. Ich kenne sie auswendig.
Lisa:	Dann steck doch den Brief da hinein.
Bäcker:	*Glättet den Brief und steckt ihn in den Umschlag.* Kommst du an einem Briefkasten vorbei?
Lisa:	Ja, gleich an der Ecke, wo das große Haus steht, da hängt einer.
Bäcker:	*Reicht Lisa den Brief.* Dann lauf und steck ihn ein. Aber verlier ihn nicht!
Lisa:	Nein, ganz bestimmt nicht!
Bäcker:	*Nimmt vom Regal einen Stollen und gibt ihn Lisa.* Hier, nimm das deiner Mutter mit.
Lisa:	Danke! *Läuft davon.*
Erzählerin:	Als sich Lisa verabschiedet, bemerkt sie in den Augen des Bäckers ein winziges Leuchten, und ihr ist, als habe er leicht geschmunzelt. Ob er sich wohl doch auf seinen Sohn freut, denkt sie. Doch dann läuft sie schnell zum Briefkasten und wünscht sich, daß der Brief bald ankommt.

Als Übergang zur nächsten Szene spielt leise Musik.

Eine Straße, ein Briefkasten, ein hellerleuchtetes Haus.

5. Szene	Erzählerin:	Nachdem Lisa den Brief eingesteckt hat, nähert sie sich einem hellerleuchteten Haus. Ein Mann kommt schwerbeladen daher. Er verliert ein kleines Päckchen. Lisa hebt es auf.
	Lisa:	Da, das haben Sie verloren!
	Mann:	Steck es hier in meine Manteltasche, ich habe keine Hand frei!
	Lisa:	Du hast aber viel zu schleppen.
	Mann:	*seufzend* Ach ja, wenn der Rummel nur bald vorüber wäre. Diese vielen Geschenke!

Lisa:	Hast du die vom Christkind?
Mann:	*höhnisch lachend* Schön wär 's!
Lisa:	Von wem denn sonst?
Mann:	Vom Juwelier, dem Pelzgeschäft, dem Delikatessen-laden! *Winkt ab.* Ach, was soll's. Das verstehst du ja doch nicht.
Lisa:	*Erstaunt* Die alle schenken dir was?
Mann:	Von wegen! Moneten wollen die von mir, viele Moneten! – Willst du auch welche?
Lisa:	Nein.
Mann:	Was willst du dann von mir?
Lisa:	Ich suche das Christkind.
Mann:	Und du denkst, du findest es hier auf der Straße?
Lisa:	Vielleicht. – Mama hat gesagt, hinter Meiers Haus, da beginnt der Weg nach Bethlehem.
Mann:	Alles Unfug! Geh lieber nach Haus, es ist kalt, und du wirst dich erkälten!
Lisa:	Erst muß ich nach Bethlehem. Weißt du, wo Bethlehem ist?
Mann:	Das hat mich noch keiner gefragt! *Er schüttelt den Kopf, wendet sich ab und will ins Haus gehen. Nach einigen Schritten dreht er sich um.* Bethlehem? Gibt's das noch?
Erzählerin:	Lisa geht zögernd und mit gesenktem Kopf weiter. In ihren Ohren klingt es: Bethlehem? Gibt's das noch? Während sie ihre Schritte heimwärts lenkt, denkt sie angestrengt nach. Wenn es kein Bethlehem gibt, gäbe es auch kein Christkind. Und wenn es kein Christkind gäbe, könnten wir auch nicht Weihnachten feiern. Aber Mama backt Nußplätzchen. Sie hat gesagt, übermorgen ist Weihnachten. Und Mama, die wird es wissen.
Lisa:	*Bleibt stehen und ruft dem Mann hinterher.* Bethlehem gibt es doch! Ich weiß es ganz genau!
Erzählerin:	Ob das der fremde Mann wohl vernommen hat?
Lisa:	Ich muß das alles der Mama erzählen! *Läuft eilig nach Hause.*

Zum Abschluß des Spieles singt die Kindergruppe „Uns wird erzählt von Jesus Christ" von Kurt Rommel aus „111 Kinderlieder zur Bibel", Verlag Ernst Kaufmann, Lahr.

Engel, unsichtbare Begleiter auf unserem Weg –
Vorschlag für einen Elternabend

Vorbemerkung: Auf die Frage „Wie stellen Sie sich Engel vor?"
antwortete eine 55jährige alleinstehende Frau:
„Ich stelle mir Engel wie ganz normale Menschen vor, nicht wie
irgend etwas Übermenschliches, so nicht. Das käme zu sehr in
den Bereich der Esoterik. Das fände ich nicht gut. Meiner Mei-
nung nach gehören Engel zum Glauben überhaupt. Nicht nur
der christliche und der jüdische Glaube kennen Engel, sondern
auch andere Bekenntnisse und Religionen. Die Engel sind eine
Art Vermittler zwischen der sichtbaren und der unsichtbaren
Welt. So verstehe ich das jedenfalls. Ein Engel – das kann
jemand sein, der mir eine helfende Hand gibt. Manchmal kann
das über lange Strecken hinweg ein Begleiter sein, den ich gar
nicht weiter beachte. Erst hinterher kommt man auf die Idee,
daß das ein Engel gewesen ist. Mir sind mit Sicherheit schon
Engel begegnet. Ich bin in meinem Leben mindestens dreimal
dem Tod von der Schippe gesprungen. Einmal war ich am
Ertrinken, und dann zweimal im Krieg. Wenn einem die Leute
manchmal sagen ‚Du wirst noch gebraucht im Leben,' ‚Dich
braucht der liebe Gott noch', dann bedeutet das wohl, daß man
vielleicht selber einmal für einen anderen zum Engel wird. So
stelle ich mir das jedenfalls vor."

Eine 30jährige Mutter mit einem Kind antwortete folgendermaßen:
„Ich bin sicher, daß es Engel gibt. In der Bibel stehen viele
Geschichten, in denen Engel vorkommen. Und es gibt ja auch
viele Leute, die Erlebnisse mit Engeln gehabt und darüber
erzählt haben. Ich finde auch die Vorstellung schön, daß es so
etwas gibt wie Schutzengel und auch Engel, die uns vor bösen
Geistern behüten. Engel sind Lichtwesen, die nicht unbedingt
immer sichtbar werden, weil es ganz gut ist, wenn wir sie nicht
immer sehen. Aber sie können sichtbar werden und haben
dann nach den Beschreibungen, die ich bis jetzt gehört habe
und die ich auch aus der Bibel kenne, eine menschenähnliche
Gestalt. Sie können wie ein ganz normaler Mensch aussehen.
Sie kommen aus Gottes Welt und haben von daher ganz andere
Möglichkeiten, sich Körper anzunehmen. Ich glaube, wenn ich
in einer extremen Gefahrensituation wäre und Gott wollte mich
retten, so könnte er das auch durch Engel tun. Wenn Gott es

will, ist nichts unmöglich. Ich bin sicher, daß ich schon einmal einem Engel begegnet bin."

Eine Erzieherin
berichtet

„In einer Dienstbesprechung beschäftigten wir Erzieherinnen uns kürzlich mit der Frage: ‚Sollen wir Kindern von Engeln erzählen?' Daraus ergab sich eine so interessante Diskussion, daß wir beschlossen, zum Thema ‚Engel' einen Elternabend zu machen.

Angeregt durch einen Beitrag in der Zeitschrift ‚was und wie', Heft 4/1985, von Wolfgang Longardt, dachten wir uns ein Reporterspiel aus, in dem wir unsere verschiedenen Meinungen zum Ausdruck brachten. Die Texte dazu schrieben wir auf und lasen sie im Spiel ab (Text Seite 114). Damit begann der Elternabend.

Nach dem Reporterspiel sangen wir ein Lied. Danach machten wir mit den Eltern (auch zwei Väter waren anwesend) eine Imaginationsübung: Wir baten die Anwesenden, ihre Augen zu schließen. Mit geschlossenen Augen sollten sie versuchen, sich an Bilder von Engeln zu erinnern. Diese Übung dauerte ca. 8 Minuten. Wir ließen dazu von einer Kassette leise Hintergrundmusik (Panflöte) spielen. Anschließend tauschten wir uns über unsere inneren Bilder aus und beschrieben ‚unsere' Engel. Das Mitmachen an dieser Übung war natürlich freigestellt!

Mit dem Gedicht ‚Engel‘ von Rudolf Otto Wiemer (S. 116), das eine der Erzieherinnen vorlas, leiteten wir zu einem Engelbild hin, das schnell von den verkitschten Weihnachtsengelchen in den Alltag hineinführte. Hatte jemand schon eigene Engel-Erlebnisse gehabt oder davon gehört?

Spontan erzählte eine Frau: ‚Vorgestern hat sich meine Großmutter den Oberschenkelhals gebrochen. Das hätte böse für sie ausgehen können, denn sie lebt sehr zurückgezogen am Dorfrand. Sie war am Vormittag vor ihr Haus gegangen, um eine Decke auszuschütteln. Dabei knickte sie mit einem Fuß um, fiel hin und konnte nicht mehr aufstehen, denn sie hatte starke Schmerzen in der Hüfte. Weit und breit war niemand, nach dem sie rufen konnte. Kein Wunder, daß sie in Panik geriet. Aber ausgerechnet an diesem Tag kam das Postauto zu ihr. Die Postbotin fand sie, rief sofort den Notarzt und einen Krankenwagen und packte ihr sogar noch eine Tasche fürs Krankenhaus. Sie blieb bei ihr, bis der Krankenwagen vorfuhr. Unsere ganze Familie ist sicher, daß der liebe Gott die Postbotin geschickt hat.‘

Das Gespräch verlief nun ähnlich lebhaft wie bei unserer Dienstbesprechung. Wir kamen zu dem Ergebnis, daß die Bewertung von solchen Erlebnissen viel mit unserem Glauben zu tun hat: Das gleiche Ereignis wird vom einen als glücklicher Zufall abgetan, vom anderen aber als das Wirken der unsichtbaren Kräfte Gottes. Alle Eltern fanden es wichtig, daß ihre Kinder im Vertrauen auf solche Kräfte aufwachsen.

Unsere Erfahrungen an diesem Abend waren so positiv, daß ich nur allen Kolleginnen Mut machen kann, das Thema ‚Engel‘ ganz unbefangen anzusprechen.

Wir beschlossen, den Elternabend mit dem Lied ‚Hände wie deine‘ (S. 117).“

Allen, die zum Thema noch weitere Gedichte oder eine schöne Vorlesegeschichte suchen, sei das Büchlein „Mein Engel hat immer Zeit für mich“, hrsg. von Erhard Domay im Verlag Ernst Kaufmann, Lahr, empfohlen.

Rollenspiel zum Thema „Engel“

Frau A: Es nervt mich, wenn jetzt alles wieder vollgehängt wird mit kitschigen Weihnachtsengeln. Muß das sein?

Frau B: Nicht alle Weihnachtsengel sind kitschig. Es gibt auch künstlerisch wertvolle Engeldarstellungen. Engel ge-

hören eben zu den biblischen Weihnachtserzählungen.

Frau C: Ich hatte einmal eine Phase, da wollte ich alle Engel über Bord werfen und nur von Gott allein reden – von seiner Energie, von seiner Kraft, von seiner Botschaft. Aber dann merkte ich, daß das gerade für Kinder sehr abstrakt ist. Engel sind Symbole für die unsichtbaren Kräfte Gottes. Ich finde, daß das sehr anschaulich ist.

Frau B: In den biblischen Geschichten werden Engel meistens gar nicht genauer beschrieben. Sie kommen, sie sind da, basta! Oft erkennt man sie gar nicht. Aber Gott wirkt durch sie. Das merkt man manchmal erst im Nachhinein.

Frau C: Irgendwie kommen wir um Engel doch gar nicht herum! Daß Engel auch heute noch im Alltag eine wichtige Rolle spielen, zeigen doch schon die vielen Redewendungen wie z. B. „Engel der Landstraße" oder „Engel der Gefangenen" oder wenn man zu jemandem sagt: Du bist mein guter Engel. Wir müssen doch den Kindern erklären, was das bedeutet.

Frau A: Gut, das ist in Ordnung. Aber der ganze Flitterkram der Goldengel, das ist doch eher Aberglaube. Verdummung, Verniedlichung! Warum lassen wir die Engel in der Weihnachtsgeschichte nicht konsequent ohne Flügel malen? Das wäre ehrlicher.

Frau C: Es wäre auch nur eine Scheinlösung. Auf Hunderten von Bildern begegnen den Kindern Engel mit Flügeln. Die Bilder sind doch einfach da.

Frau B: Die Leute früher stellten sich eben vor, daß Gott oben im Himmel wohnt. Da brauchten die Engel Flügel, um sich sowohl in der Welt Gottes wie in der Welt der Menschen bewegen zu können. Das ist ein Bild.

Frau C: Ich frage die Kinder, was kann es bedeuten, Flügel zu haben? Die Größeren kommen dann bald darauf, daß man so überall hinkommt, schnell und über alle Grenzen und Zäune. Flügel – das ist auch eine Art Symbol.

Frau A: Das leuchtet mir ein. Aber ist das für Kinder nicht zu schwierig?

Frau B: Klar ist das schwierig. Sogar wir Erwachsenen haben ja Probleme mit den Engeln – wie man sieht! Wir müssen selber immer wieder neu darüber nachdenken. Aber davor drücken können wir uns nicht.

Engel

Es müssen nicht Männer mit Flügeln sein,
die Engel.
Sie gehen leise, sie müssen nicht schrein,
oft sind sie alt und häßlich und klein,
die Engel.

Sie haben kein Schwert, kein weißes Gewand,
die Engel.
Vielleicht ist einer, der gibt dir die Hand,
oder er wohnt neben dir, Wand an Wand,
der Engel.

Dem Hungernden hat er das Brot gebracht,
der Engel.
Dem Kranken hat er das Bett gemacht,
er hört, wenn du ihn rufst, in der Nacht,
der Engel.

Er steht im Weg und er sagt: Nein,
der Engel,
groß wie ein Pfahl und hart wie ein Stein –
es müssen nicht Männer mit Flügeln sein,
die Engel.

Rudolf Otto Wiemer
Aus: „Der Esel des
Herrn Bileam"
© Deutscher Theater-
verlag, Weinheim

Der Engel

1. Hän-de wie dei-ne wie du sein Ge-sicht, und

blickt er dich an, dann er-kennst du ihn nicht. Viel

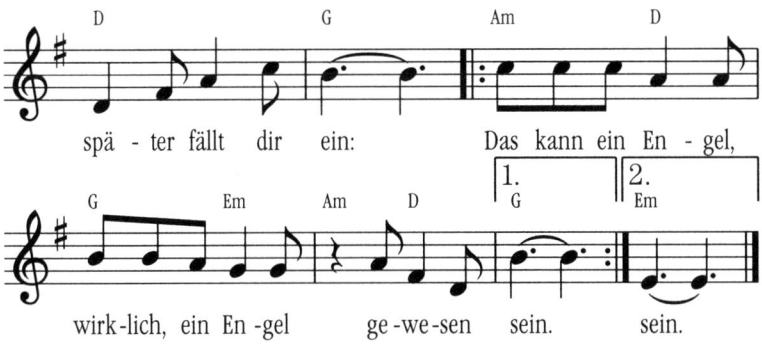

spä-ter fällt dir ein: Das kann ein En-gel,

wirk-lich, ein En-gel ge-we-sen sein. sein.

2. Hirten erschrecken
   inmitten der Nacht
   und haben zum Stall
   auf den Weg sich gemacht.
   Von Gott geschickt allein!
   Das muß ein Engel,
   wirklich, ein Engel
   gewesen sein.

3. Frauen am Grabe.
   Sie weinen vor Not.
   Doch einer sagt da:
   „Seht, er ist nicht mehr tot!
   Und ihr dürft fröhlich sein!"
   Das muß ein Engel,
   wirklich, ein Engel
   gewesen sein.

4. Hände wie deine.
   Er tut was für dich.
   Und du fragst: „Warum
   tut er sowas für mich?"
   Und sagst entschieden: „Nein!"
   Das kann kein Engel,
   wirklich, kein Engel
   gewesen sein.

5. Hände wie deine,
   wie du sein Gesicht.
   Und er kommt von Gott,
   und du weißt es noch nicht
   und wirst nie sicher sein.
   Das kann ein Engel,
   wirklich, ein Engel
   gewesen sein!

Text: Rolf Krenzer, Melodie: Detlev Jöcker
Aus: MC Weihnachten ist nicht mehr weit, Rechte: Menschenkinder Musikverlag, Münster

Zum Vorlesen

Die Flucht

Es geschieht am Heiligen Abend. Eine Familie ist auf der Flucht. Sie schleichen schweigend durch einen dunklen Wald. Ab und zu bleiben sie stehen und spähen ängstlich nach rechts und nach links. Sie haben Angst, entdeckt zu werden. Auch die Kinder sind still, nur ihre Herzen klopfen wild. Sie wissen, in welcher Gefahr sie sich befinden. Die Eltern haben lange und eindringlich mit ihnen über die Flucht gesprochen. Bei jedem Schritt klingen ihnen die Worte der Eltern in den Ohren: „Wir müssen noch heute nacht unsere Heimat verlassen. Für uns gibt es hier keine sichere Zukunft mehr. Sie wollen Vater einsperren. Und das nur, weil er sich über die Ungerechtigkeit aufgeregt hat, die anderen Bewohnern dieser Stadt widerfahren ist."
Nun tappen sie gemeinsam durch den dunklen Wald und hoffen, einen Weg zu finden, der sie über die Grenze führt. Schritt für Schritt hämmert es in ihren Köpfen: Schweigen müssen wir, nicht niesen und nicht husten und immer dicht zusammenbleiben. Wenn sie uns entdecken, kommen wir alle ins Gefängnis!
Die Angst der Kinder ist groß, so groß, daß sie kaum zu atmen wagen. Hört man es, wenn ich atme, hört man es, wenn mein Herz klopft?
Plötzlich stehen sie vor einem Stacheldrahtzaun. Er ist so hoch, daß auch der Vater davor klein erscheint. Jetzt wissen sie nicht mehr aus noch ein. Mitten im Wald ein solches Hindernis! Ein Durchkommen ist unmöglich.
„Sollen wir umkehren?" flüstert die Mutter. Der Vater schüttelt den Kopf. Sie gehen an der Stacheldrahtrolle entlang und hoffen, daß sie irgendwo endet.
Nach einer Weile hören sie ein Knacken. Der Schreck fährt ihnen in die Glieder. Blitzschnell bücken sie sich. Die Kinder schieben sich an die Eltern heran. Die legen ihre Arme beschützend um sie. Da zerreißt plötzlich der Knall eines Schusses die nächtliche Stille. Die Angst wird übergroß. Die Kinder können ihre Tränen nicht mehr zurückhalten. Ganz leise, damit es niemand hört, weinen sie in sich hinein. Die Mutter spürt es am Zittern ihrer kleinen Körper. Sie drückt die Kinder fester an sich.

So verharren sie eine Weile. Langsam kriecht die Kälte in ihnen hoch. Sie beschließen deshalb, wieder weiterzugehen.

Gebückt kriechen sie durch dichtes Gestrüpp, immer darauf bedacht, daß unter ihren Füßen kein trockener Ast knackt. Wie lange sie so dahinschleichen, wissen sie nicht. Ihre Beine tragen die müden Körper weiter, immer weiter. Auf einmal durchbricht ein schwacher Lichtschein die Dunkelheit der Nacht. Die Wolken tun sich auf, und einige Sterne werden sichtbar. Das alles dauert nur einen kurzen Augenblick. Schon ziehen wieder dunkle Wolken heran. Doch dieser kurze Augenblick hat genügt: Der Vater hat die Stelle gesehen, die er sucht! Jemand hat ihm gesagt, daß dort nachts kein Wachtposten steht. Nun rennen sie fast und erreichen nach kurzer Zeit den Weg, der sie in die Freiheit führt. Sie bleiben erst stehen, als sie ganz sicher sind, die Grenze hinter sich zu haben.

Nun umarmen sie sich, lachen und weinen vor Freude. In einem plötzlichen Entschluß kniet der Vater nieder und spricht ein Gebet. Die Mutter zieht zwei Kerzen aus der Tasche, stellt sie mitten auf den Weg und zündet sie an. „Eure Taufkerzen!" sagt sie zu den Kindern. „Heute sind sie unsere Weihnachtskerzen. Sie sollen uns in unser neues Leben begleiten."

Ilse Jüntschke

Überblick über den Inhalt

Basteln   Seite

Das Lichtspiel mit dem Stern 26
Schwimmende Lichter 27
Pampelmusenlämpchen 28
Wir basteln ein Streichelbild 50
Kerzenhalter 51
Nußwiege 52
Apfel-Nuß-Männlein 52
Tischleuchte aus einem Marmeladenglas 53
Kerzen verzieren 53
Adventshaus 68
Glöckchenhandschuhe 70

Fenstergestaltung

Kerzen anzünden 29
Fenster und Türen öffnen 69

Wir hören auf das Leise (Meditationen mit Kindern)

Vier Kerzen leuchten im Advent 24
Türen öffnen sich 72
Wir warten auf Weihnachten 98

Spielszenen für Adventsfeiern und Familiengottesdienste

Solche Häuser und andere Häuser 76
Wir gehören zusammen 78
Komm nur herein! 82
Wir gehen zur Krippe 102
Wo ist Bethlehem? 106

Elternabend/Elternnachmittag

Ein Lichterspiel 32
Zeit schenken 54
Freude schenken 56
Engel, unsichtbare Begleiter auf unserem Weg 112

Familiengottesdienste

Fest der offenen Türen 74
Wir gehören zusammen 78

Zum Vorlesen

Ein Märchen vom Licht 35
Großmutters Zauberkerze (für Erwachsene) 39
Ursels Streichelbild 48
Die verschenkte Freude oder
   Die kleinen Leute von Swabeedo (für Erwachsene) 58
Der Schächtelchen-Kalender 59
Solche Häuser und andere Häuser 85
Der Handschuh 86
Die Weihnachtswurzel (für Erwachsene) 87
Die Flucht 118

Biblische Nacherzählungen

Die Geburt Jesu 13
Die Geschichte von den Sterndeutern aus dem
   Morgenland 14
Sie flüchteten vor Herodes 16
Welch' wundersame Nacht 37

Lieder

Lichtlein, Lichtlein im Advent 24
Kommt ein Lichtlein (Reigen) 30
Tragt in die Welt nun ein Licht 32
Mir ist ein Licht aufgegangen 34
Schenk mit Liebe 57
Jeden Tag öffne ich eine Tür 67
Wir feiern heut ein Fest 71
Sieh, für mich und für dich 73
Ich lade dich ganz herzlich ein 77
Wir gehören zusammen 80
Das wünsch ich sehr 81
Ich will auf das Leise hören 98
Halte zu mir, guter Gott 101
Kommt, ihr Hirten 105
Nahe bei den Tieren 105
Hände wie deine 117

Ilse Jüntschke war lange Jahre als Kindergartenleiterin, danach als Praxisberaterin und Fortbildungsreferentin für Erzieherinnen tätig. Sie arbeitete am Katechismus und Vorlesebuch „Erzähl mir vom Glauben" mit und schreibt Beiträge für die Zeitschrift „was + wie". Im Verlag veröffentlichte sie ein Buch zur religiösen Erziehung im Kindergarten und ein Gebetbuch für Kinder.

Notizen

Notizen

Notizen

Geschichten, Spiele und Lieder für die Winterzeit

Rolf Krenzer
Winterzeit, Kinderzeit
Neue Geschichten, Spiele und 14 neue Spiellieder
von Martin Göth und Rolf Krenzer
104 Seiten, farbig illustriert, gebunden

Winterzeit, Kinderzeit
Buch mit CD

Winterzeit, Kinderzeit
CD mit 14 Liedern
Texte von Rolf Krenzer
Melodie und Arrangement von Martin Göth

Alles, was den Winter für Kinder spannend und interessant macht, vom Martinsfest bis zur Fastnacht, hat Rolf Krenzer in drei Dutzend funkelnagelneuen Geschichten, Gedichten und Liedern eingefangen.

Alle Lieder, die für dieses Buch neu entstanden sind, wurden von Martin Göth komponiert und mit vielen Kindern und Original-Instrumenten auf eine CD aufgenommen.

Kinder, die beim Vorlesen oder Singen gern mit ins Buch schauen, finden bei den Geschichten und Liedern viele lustige Bilder, die zu eigenen Entdeckungen anregen.

Verlag Ernst Kaufmann

Tips & Themen: Kindergarten

Rolf Krenzer
Schulanfang
Hilfen zur Vorbereitung
84 Seiten, kartoniert

Rolf Krenzer
Elternabend
Hilfen zur Vorbereitung und Durchführung
88 Seiten, kartoniert

In dieser Reihe „Tips und Themen: Kindergarten" sollen Erzieherinnen ermutigt werden, den Lebensraum Kindergarten möglichst weit zu fassen, sich einerseits selbstbewußt nach außen zu öffnen und andererseits so viel „Außenwelt" wie möglich in die Arbeit im Kindergarten zu integrieren.

In jedem Buch der Reihe steht ein Anlaß im Mittelpunkt, der sich eignet zu vielfältigen Kontakten zwischen dem Kindergarten und Elternhaus, Schule, Kirche, Gemeinde oder Umwelt.

Rolf Krenzer, der über reiche praktische Erfahrungen verfügt, macht neben grundlegenden theoretischen Überlegungen zu jedem Anlaß viele Vorschläge und gibt Beispiele zur Planung und Durchführung.

Die Reihe wird fortgesetzt!

Verlag Ernst Kaufmann

Ilse Jüntschke, Werner Böse

Im Kindergarten Glauben erleben

Anregungen und Hilfen für Erzieherinnen

172 Seiten, kartoniert

Die Erzieherin ist für ein Kind die wichtigste Bezugsperson außerhalb des Elternhauses. Ihre Art, sich einem Kind zuzuwenden, es in seiner Individualität anzunehmen, kann prägend sein. Das gilt besonders, wenn es darum geht, Kindern christlichen Glauben erlebbar zu machen. Da Kinder sich am Vorbild der Bezugsperson orientieren, hat hier die Erzieherin eine Schlüsselfunktion. Darum ist es unumgänglich, daß sie sich selbst mit religiösen Fragen auseinandersetzt und einen eigenen Standort im Glauben findet.

Das vorliegende Buch möchte die Erfahrungen aus langjähriger religions-pädagogischer Fortbildungsarbeit allen Erzieherinnen zugänglich machen und ihnen helfen, ihre Wissensdefizite abzubauen und pädagogische Kompetenz für die Glaubensvermittlung im Kindergarten zu erwerben. Es enthält viele Beispiele aus dem Alltag der Erziehungsarbeit, in denen Erzieherinnen ihre eigenen Probleme mit religiöser Erziehung wiederfinden können. Einem theoretischen Teil, in dem diese Probleme dargestellt werden, folgt ein praktischer Teil. Er enthält neben Vorschlägen zu einer vertrauensvollen Zusammenarbeit mit Eltern, Kolleginnen und der Kirchengemeinde, viele ausgearbeitete Entwürfe zu biblischen Geschichten, zu Gottesdiensten und Feiern im Kindergarten.

Verlag Ernst Kaufmann